U0876180

武汉海事法院、长江海商法学会文丛

HUANJINGQINQUAN
SHOUHAIZHESIFABAOHU

环境侵权
受害者司法保护

著者：吴良志 熊靖 江章鹏 杨国峰 陈林

中国法制出版社
CHINA LEGAL PUBLISHING HOUSE

目 录

Contents

第三章 环境侵权受害者权益司法保护的特别程序

第四章 环境侵权受害者权益司法保护的特别责任形式

第六章 环境侵权受害者权益司法保护的补充——环境污染责任保险机制的不足与完善

附录

第一章　我国环境侵权受害者权益保护机制概述

第一节　环境侵权受害者的含义与特征

一、环境侵权的含义与特征

（一）侵权与环境侵权的含义

《侵权责任法》于2010年正式实施，我国对于民事主体合法权益的保护进入了新阶段。根据该法规定，侵权所侵犯的权益，是民事权益，包括生命权、健康权、姓名权、名誉权、荣誉权、肖像权、隐私权、婚姻自主权、监护权、所有权、用益物权、担保物权、著作权、专利权、商标专用权、发现权、股权、继承权等人身、财产权益。

与环境有关的民事权益没有直接体现在法条表述中，但在现实生活中，环境污染等破坏自然环境生态的行为，却会直接或间接地引起被侵害人在生命权、健康权、所有权、用益物权、担保物权等多个民事权益上的损害。

在环境法学研究领域，学者们针对环境侵权给出了许多定义。王利明认为，环境侵权是环境污染致人损害的行为，同时将其作为一种特殊的侵权。[①] 吕忠梅认为，环境侵权是指因产业活动或者他人的原因，致自然环境污染或破坏，并因而对他人人身权、财产权、环境权益或公共财产造成损害或有损害之虞的事实。[②]

---

① 王利明：《侵权行为法》，中国人民大学出版社1993年版，第407页。

② 吕忠梅："论环境侵权的二元性"，载《人民法院报》2014年10月29日第8版。

（二）环境侵权的特征

从环境侵权的定义可以看出，环境侵权的现实表现往往是：污染破坏行为——环境被破坏——影响被侵害人权益实现——被侵害人权益被侵害。这与普通侵权，即侵权行为直接导致被侵害人的某种民事权益受到侵害有所不同。正因为如此，环境侵权表现出了一些与普通侵权有别的特征：

1. 以环境为直接侵害对象，行为实施与结果出现存在时滞。由于环境侵权行为直接导致的往往只是环境被污染破坏，因此很可能在短时间，甚至在相当长的一段时间内，被侵害人的民事权益没有受到实际意义上的侵害，或者权益被侵害后不能及时发现。这客观上加大了被侵害人维护自己权益的难度。

2. 侵权行为实施者往往处于强势地位。环境污染者往往是具有一定实力和社会地位的企业，或者至少拥有相当的经济实力；被侵害者往往是少数个体，甚至经常是普通农民。两者之间地位的悬殊，阻碍了沟通协调渠道，不利于矛盾纠纷的化解。

3. 环境侵权行为周期长、易反复。不同于那些一次性侵权行为，环境侵权行为在最初总是具有一定时间的潜伏期，其酝酿阶段不易被发现；在侵权行为被发现后，由于种种原因，行为本身可能还持续，或者在停止后又反复出现；侵权行为造成的后果往往短期难以消除，环境以及被侵害人的恢复需要较长时间，对于人的生命健康影响更可能是终生的。

4. 环境侵权具有二元性。从环境侵权的发生模式可以看出，因侵权行为而被损害的，除了最终的被侵害者，还有环境本身。正因如此，主张权益被侵害的主体就分成了两部分，一部分是代表民事权益被侵害的主张人，另一部分是代表环境被破坏的主张人，后者与前者的不同之处在于，后者的民事权益并未受到侵害，而仅仅是作为被破坏环境的代言人，要求对侵害人追究法律责任的主体。通过环境侵权案件，最终我们也会看到，一方面，被侵害人的民事权益得到了伸张，另一方面，侵害环境本身的行为也受到了惩罚，环境也得以保护。

5. 环境侵权不一定都具有违法性。不可否认，违反法律法规的强制性规定的行为肯定要收到惩罚。但是，对于环境侵权而言，并非所有的侵权案件都存在违法行为。实践中，合法行为也可能导致危害后果，我国大多数学者也认为，在环境法中，不把侵权行为的违法性作为承担民事责任的必要条件，只要从事了致人损害的行为并发生了危害结果，即使行为是合法，也要承担民事责任。天津海事法院审理的孙有礼等诉迁安第一造纸厂等企业养殖损害纠纷一案的判决中采用了这一观点。

二、环境侵权受害者的含义及其权益类型

（一）环境侵权受害者的含义与特征

环境侵权受害者就是在环境侵权案件中受到侵害的主体。那些被环境污染事件而影响到自身民事权益的自然人，显而易见的是环境侵权的受害者。但除此之外，由于环境侵权具有二元性特征，生态环境本身也因为侵权行为而遭到破坏。尽管环境本身不具有民事权益，但是环境破坏除了对利益相关者造成直接权益减损外，其自身的生态失衡也会带来局部性、持续性甚至全局性、长期性地危害，在更大范围内造成自然人权益的破坏。此外，诸如因滥伐林木导致珍稀动物栖息地遭到破坏等案件，虽然没有自然人的民事权益遭到直接破坏，但这种对破坏环境的行为也具有极大的危害，极易导致自然界中某一环节的生态紊乱。因此，当谈到环境侵权受害者时，大多数情况我们指的是在环境侵害案件中权益被减损的当事人，但同时不能忽略环境本身作为一个“类人体”所遭到的破坏，关注这一主体，有助于我们稍后对主张对方承担环境侵权责任一方以及环境侵权案件保护途径的探讨。下面，我们还先着重探讨自然人作为环境侵权受害者的情况。

结合环境侵害的含义、特征以及上述分析，环境侵权受害者的特征主要包括：

1. 受害者往往处于弱势地位，救济难度大。因受害者往往是一小部

分自然人，且经济条件、社会地位等方面往往与侵权行为实施方存在较大差别，因此在动用法律武器保护自己合法权益、要求对方承担相应赔偿责任方面，往往存在很大困难。

2. 权益被侵害具有一定的潜伏期，难以修复。由于环境污染总是作用于大气、水、土地等介质上，并通过自然循环与人发生关系，并作用于人或自然物的身上，进而产生危害后果，因此，当受害者发现自己已经受到侵害时，其伤害往往已经不可逆，且具有难以修复的特点。无论是对人身体的损害、农作物的破坏还是造成的其他损害，被侵害人难以主张恢复原状，而所获补偿又总是难以抵消受害者所受到的心理伤害，因此可以说，其环境侵权带来的伤害更深、更广、更长。

（二）侵害权益类型

结合《侵权责任法》可知，只要是民法体系中涉及的权益类型都可能被侵犯。对于环境侵害案件来说，侵害的民事权益主要包括：

1. 生命权、健康权。因为环境体现于人们的生活之中，环境侵权受害者最容易受到侵害的就是身体本身。诸如化学污染导致的致伤、致残、致死情况，会给人的生命、健康带来不可逆的严重损害。

2. 所有权。环境污染可能导致人以外的生物死亡，这种死亡是对物之所有人权益的侵犯。环境污染导致农作物减产、枯死，使得人们对自己种植的农作物的所有权归于灭失即为此例。

3. 用益物权、担保物权。农作物可以设立浮动抵押，一片林地也可以成为地役权设立的原因（如双方约定一方不得在林地上建造房屋，另一方给付货币以补偿），如果发生环境污染事件，这些自然物、自然景观会受到较大影响，从而使相应的用益物权、担保物权实现困难。

第二节　我国环境侵权受害者权益保护机制现状

一、我国环境侵权受害者权益保护机制的构成

（一）法律保护

法律保护是我国环境侵权案件中，对受害者保护最基本、最普遍的保护形式，在这一点上，它与侵权案件区别并不大。对于环境侵权的法律保护来说，主要体现在两个环节上：

第一，立法程序上的法律保护。以《侵权责任法》为中心，我国建立起了环境侵权法律保护的混合立法体系，既在《民法通则》、《侵权责任法》等民事实体法律规范中加以规定，又在各类专门的环境法律规范，如《水污染防治法》、《大气污染防治法》中加以规定。这种立法模式的好处在于，既可以使环境侵权法律保护作为一种特殊的法律保护形式加以规定，又可以在特殊规定缺位时，参照一般保护模式对环境侵权行为予以惩戒。

第二，司法程序上的法律保护。通过司法程序寻求法律保护，是法律保护最直接的意义，对于受害者来说，也是最基本、最主要的现实层面的保护途径。

（二）行政保护

行政保护是行政机关、执法部门按照法律法规规定和自身机构权限，对违反法律法规、破坏环境生态秩序的行为予以制止、纠正、惩罚，最终达到保护受害者权益的行为。行政保护靠行政机关或者具有执法职能的社会公共组织介入，矫正环境侵权行为，具有强制性、及时性的特点。在我国，这同样是一种重要的环境侵权受害者保护模式。

（三）商业补偿

以保险为中心的商业补偿在环境侵权受害者保护体系中起着重要的

补充作用，这其中最主要的是环境污染责任保险。环境污染责任保险是以企业发生污染事故对第三者造成的损害依法应承担的赔偿责任为标的的保险。2007 年，原环境保护总局和中国保监会联合下发《关于环境污染责任保险工作的指导意见》（环发〔2007〕189 号）。2013 年 1 月，中国环境保护部和中国保监会又联合下发《关于开展环境污染强制责任保险试点工作的指导意见》（环发〔2013〕10 号），要求在重金属污染防控重点企业、按照地方法规纳入投保范围的企业以及其他高风险污染的企业中，对环境污染强制责任保险开展试点并逐步铺开。在环境污染责任保险关系中，保险人承担了被保险人因意外造成环境污染的经济赔偿和治理成本，使污染受害者在被保险人无力赔偿的情况下也能及时得到给付。

（四）社会组织救助

从发达国家的实践经验看，社会组织在环境保护和侵权案件保护中起着重要的作用，他们一方面能更加深入地探讨问题，另一方面也能调动起社会力量，形成对环境侵权行为和组织的合围之势。全球环境基金（Global Environment Facility）是国际范围内重要的环境保护非营利机构。在中国，中国环境保护基金会、中华环保联合会、中国环境保护产业协会等机构在环境保护领域发挥了重要作用。这些社会组织能够对环境污染高危行业和企业展开监督，对环境侵权行为能够主张诉求，对受害者损失能够进行一定程度的救助，是环境侵权受害者保护体系中最具有活力的一部分。这些组织，一是可以成为行政部门在环境保护工作领域的有力补充，不仅可以宣传各项方针政策，而且可以对有关领域和企业进行监督；二是在帮助受害者主张权益等方面有着自身的独特优势，它们更容易聚集起专家、学者、行业内的知名人士，为受到权利损害的人提供帮助；三是这些组织设立的基金会等机构可以为受害者提供必要的经济救助。

二、我国环境侵权受害者权益保护机制的问题

（一）受害范围广，赔偿标准低

环境侵权案件一般都会对一个区域整体造成巨大的损害。无论是排

放在空气中的有毒有害气体，排放在水体中的未净化水，或者是慢慢渗透进土地并造成重金属元素堆积的的工业废渣，无一不是在一个相对广的空间和相对长的时间内造成损害。这种污染会对受害者们造成无差别的伤害。

令人遗憾的是，在目前的环境侵权案件中，受害人得到的赔偿一般都较少，这一方面与坏境侵权所在地社会经济发展水平有关，另一方面，也是与环境侵权案件本身的特殊性有关，受害人很难自行获取证据，导致在申请赔偿时，部分诉讼主张得不到证据支持，难以获得与所受伤害匹配的赔偿。

（二）以诉讼赔偿为主，补偿途径少

通过司法保护、行政保护、商业补偿、社会救助，受害人都可以获得相应赔偿。但是，现实生活中，受害人获得的赔偿可能会因为保护模式选择的不同而有高有低。现实中，司法途径是与受害人距离最近的一种保护模式，通过诉讼等司法救助模式来获得赔偿的情况也最多。当然，司法保护相比之下也是耗时最长、成本最高的保护模式。与之相对的则是通过其他途径，受害人更难获得补偿。行政手段更主要地打击了侵权行为本身，对于受害人能否获得经济上的弥补关注不多；商业补偿虽然是有效地经济补偿方式，然而，由于目前关于环境侵权方面的险种不多，加之环境污染责任保险目前仍然处在试点推广阶段，真正能够通过保险获得赔偿的受害者微乎其微；社会救助虽然自身具有较强的渗透能力，但由于政策对社会组织发展上还存在许多不利因素，社会组织本身的财力有限，加之就人口总量和社会发展水平而言，我国社会组织的数量仍然非常不足，通过社会救助渠道获得救济，就显得更加困难了。

（三）保护机制不完善

就目前的发展现状而言，上文提到的四种保护模式，目前都存在或多或少的不足，在许多方面难以有效发挥保护作用。

第一，立法保护。我国对环境侵权的立法保护，从总体上看，正在积极顺应环境侵权法律责任规范方面的世界性趋势，但同时，混合立法模式也带来了许多问题，这其中，各个法律之间的关系梳理是一大焦点。法条表述或指向不清晰，不同法律之间规范不协调甚至相互矛盾，必然会导致相互间关系的混乱以及法律适用上的分歧。例如，对于环境侵权案件中因果关系的认定上，目前主要是在《水污染防治法》和《侵权责任法》中加以规定的，而在该两部法律之前颁行的《大气污染防治法》《环境噪声污染防治法》《海洋环境保护法》等环境法律中则没有作出规定。2015 年修订后的《环境保护法》正式实施，但在这部环境保护领域基础性的法律中，“因污染环境和破坏生态造成损害的，应当依照《侵权责任法》的有关规定承担侵权责任”，并没有对因果关系的认定进行直接规定。这一点，我们在下文中还会有所讨论。总之，法律体系之间秩序的井然有序是法律实施和各项法律活动开展的前提，在环境侵权领域，有关立法工作仍然需要加强。

第二，司法保护。尽管司法保护已经是受害者可以寻求的最熟悉的保护形式，但是与环境侵权有关的诉讼仍然只是我国诉讼体系中很小的一部分。一方面，各级法院受理的环境侵权诉讼案件仍然少之又少，另一方面，环境公益诉讼才刚刚起步，需要不断补充和完善。对于受害者来说，问题获得解决最为重要，如果通过诉讼无法有效解决问题，就要寻求其他非诉讼途径，例如信访，甚至非正常集会等形式，来获得有权部门和社会的关注。而且，与其他侵权案件相比，由于受害者数量往往比较多，这种可能性发生的概率往往会很大。因此，顺畅的司法救助体系，在环境侵权案件面前，显得尤为重要。

第三，行政保护。谈到行政保护，我们应该从两个角度去审视。第一个角度，是当侵权行为发生后，行政部门按照法律法规和职责规定，对不法行为予以制止、纠正、惩戒，从而保护受害人甚至全社会的利益。国家环保部和各地环境保护局是我国环境保护工作的主管部门，但这样一个部门在很多领域上不享有执法权，必须依靠其他有权机关进行执法，这就要求各部门间必须有很高效率的配合。然而在现实的环境保护工作中，面对社会举报、群众质疑，很多地方的环境保护部门与其他部门之间相互推诿的情况屡有发生。环境保护工作困难，既是因为调查破坏环境的行为存在危险性、取证困难、经济利益在其中盘根错节，也有部分是因为行政部门之间体制不顺，失去了应有的配合。第二个角度，则是行政部门作为审批部门，依照法律法规规定，对符合条件的达标污染企业颁发行政许可。即使经历了这一过程，许多合法合规、具有资质的企业仍然会暗中排放，谋求经济利益；一些企业通过非正常渠道申请到相关行政许可，实际上是行政机关权力寻租，使得这些企业带有极高危险性地开工建设运营；还有一些企业，尽管一切都依法进行，但是在企业正常排污的过程中，由于一些未曾预料的原因，造成全新的环境污染并侵权。发生这些情况，行政部门的监管实际上没有很好履行，部分情况甚至是严重缺位。对于受害人的行政保护来说，在发放行政许可时就严格依法办事，切实发挥行政机关的监管作用，也是行政保护的重要内容。

第四，商业补偿。上文谈到，尽管商业补偿是有效的补偿形式，能够给予被害人足够的经济弥补，但是，现在对于涉及环境侵权领域的商业保险还是少之又少。尽管国家和地方都拿出了相应的政策制度，但是对于规模庞大的实体经济来说，目前环境污染责任保险的推广还是显得有些捉襟见肘。尽管在新的《环境保护法》中规定“国家鼓励投保环境污染责任保险”，但是这一规定如何落地生根还值得探讨，相关的实施细则也只是“指导意见”，强制性还稍显不足。另外，商业保险的覆盖面毕竟有限，保险人一般只承保非故意违反环境法的社会经济活动、意外事故及不可抗力所导致的环境污染造成的人身或财产损失，而污染性企业对于其正常排污、积累性排污行为所致损害不在责任保险的承包范围内，这还需要更多的商业化保险来提高企业和潜在受害人的抗风险能力。

第五，社会组织救助。我们这里所说的社会组织，包括带有政府背景的从事环境保护事业的公益组织，也包括那些非政府组织。这些组织在环境保护监督工作、主张权利、提供经济救助等方面发挥着重要作用，从保护受害者权益的角度看，这些组织的建立和发展应该受到鼓励。社会组织的救助不能仅靠几个全国范围内或者世界性的组织来进行，需要很多立足于地方发展、着眼于特定问题的组织，对相关具体问题进行关注。在这方面，中国的有关进程仍然在持续进行。还必须承认的是，相较于需要帮助的群体，社会组织的力量仍然有限。一个基金会，一次能够对一个环境侵权案件中的受伤害人群提供的帮助是有限的，可能仅限于几个、十几个；很多受害者难以接触到与他们所面临情况有关的社会组织来寻求帮助。这些都限制了社会组织在环境侵权案件发生时发挥应有的作用。

第二章　我国环境侵权受害者权益司法保护机制的缺陷

第一节　环境侵权责任认定的困难

一、环境侵权责任主体难以确定

从以下四案法院生效裁判文书看，案例1因原告无法证明被告系排水管所有人，案例2因一审法院认为被告非油烟污染的直接制造者，案例3因台江公司非散装水泥装卸作业负责人，相应原告的诉讼请求均未被予以支持，只有案例4，再审法院最后依据公平原则，判决民事活动的受益人承担责任，原告诉请被部分予以支持。四案代表了环境侵权责任主体难以确定的不同情形，案例1反映出通过现有事实难以确定真正的环境侵权责任主体，案例2、3则从一个侧面反映现有法律规定对于环境侵权责任主体的确定过于宏观，操作性不强，污染源的控制人、管理人、所有人对于侵权承担何种责任，法院认定较为模糊，裁判尺度不一。案例4一个案件，前后经历了一审、二审、再审、申诉，法院最终判令受益人承担责任。

案例1：大庆市中级人民法院审理作出的关于吕长贵与中国石油天然气股份有限公司大庆石化分公司财产损害赔偿纠纷二审民事判决书【（2015）庆民二民终字第682号】。

一审法院认为，吕长贵主张大庆石化公司向赵家泡排水致其财产受到损失，应当先确认大庆石化公司是否为侵权人。吕长贵既不能证明前述排水管排水致赵家泡涨水，也不能证明该排水管归大庆石化公司所有，因此其不能证明财产损失与大庆石化公司有关，应当承担举证不能的责任。故对吕长贵要求大庆石化公司赔偿60万元的诉讼请求不予支持，判决驳回原告吕长贵的诉讼请求。二审法院认为：在环境污染责任纠纷案件中，我国法律适当加重了污染者的举证责任，实行举证责任倒置的举证责任分配制度，但原告仍应对被告实施了污染环境的行为及自身受到损失的相关事实承担相应的举证责任。关于大庆石化公司是否实施了污染环境的行为的问题。根据一审法院对排水管现场勘查笔录、现场照片、证人王佰灵的证言以及本案其他证据来看，认定该排水管属于大庆石化公司的证据并不充分，而吕长贵也不能举证证明从排水管向赵家泡排放的水系具有污染性的工业废水。吕长贵所提供的有关证据不足以认定大庆石化公司存在向赵家泡排放污水的行为。吕长贵亦不能举证证明大庆石化公司实施了足以导致赵家泡漫灌的有关行为。因此，无论树木的死亡原因为何，以现有证据均不能认定大庆石化公司存在侵权行为，吕长贵要求赔偿林木损失的诉讼请求不能获得支持。

案例2：南京市中级人民法院审理作出的关于陈加汉与南京荣程物业管理有限公司环境污染责任纠纷民事判决书【（2013）宁环民终字第1号】。

一审法院认为，荣程物业公司并非油烟污染的直接制造者，故陈加汉坚持起诉荣程物业公司承担环境污染责任，系诉讼主体不当。陈加汉居住的房屋与第三人使用的门面房上下相邻，双方在使用房屋过程中均应尽量避免给对方造成损害。第三人所办餐馆的油烟处理设施相对简单，造成油烟污染环境并影响陈加汉正常生活，应采取措施予以改正。陈加汉要求排除妨碍，予以支持。二审法院认为，荣程物业公司作为本案所涉门面房物业的权利人，其在行使处分物业的权利时，应当以不损害相邻物业权利人的权利为原则。荣程物业公司出租门面房并允许门面房承租人从事餐饮经营，且对经营产生的污染未加以正常管理的行为，损害了相邻物业权利人的权利。根据《物业管理条例》第46条的规定，对物业管理区域内违反有关治安、环保、物业装饰装修和使用等方面法律、法规规定的行为，物业服务企业应当制止，并及时向有关行政管理部门报告。荣程物业公司作为物业服务企业，对其物业管理区域内存在的上述违反环保法律、法规规定的行为，未履行上述法定义务，致使陈加汉日常生活居住的环境长期受到黄加平等人经营餐馆排放的油烟及污水的影响，故荣程物业公司依法应承担相应的民事责任。陈加汉上诉主张荣程物业公司应向其承担民事责任的请求，二审法院予以支持。因陈加汉在一、二审中均明确表示不要求黄加平、杨明生、赵林承担侵权责任，故二审法院对一审法院判决黄加平、杨明生、赵林承担民事责任的部分，依法予以纠正。

案例 3：最高人民法院审理作出的关于再审申请人何顺英、江隆圣、何江玫与被申请人福州开发区天信贸易有限公司、福州港台江港务公司环境污染责任纠纷民事裁定书【（2014）民申字第 120 号】。

最高人民法院认为，该案属于环境污染责任纠纷。关于污染侵权责任主体的认定，裁定载明，何顺英、江隆圣、何江玫在一审中以天信公司租用台江公司经营的魁岐码头装卸散装水泥产生噪声、粉尘污染为由，请求台江公司与天信公司承担连带赔偿责任。一、二审法院查明，台江公司从 2005 年起将魁岐码头散装水泥装卸场地租赁给天信公司使用，天信公司在该场地内从事散装水泥装卸作业，涉案噪声、粉尘污染与魁岐码头散装水泥装卸作业有关。该水泥装卸的作业人系天信公司，而不是台江公司，即涉案污染行为系天信公司实施的。本案没有证据证明台江公司共同参与了上述水泥装卸作业，与天信公司共同实施了污染行为。何顺英、江隆圣、何江玫提出天信公司受台江公司的委托进行水泥装卸作业且台江公司对天信公司的装卸作业负有管理责任的主张，缺乏事实和法律依据。一、二审法院判决涉案污染由天信公司承担责任，而不支持何顺英、江隆圣、何江玫要求台江公司承担责任的请求，并无不当。

案例 4：河南省高级人民法院审理作出的河南禹亳铁路发展有限公司、杜增申与河南禹亳铁路发展有限公司、杜增申等环境污染责任纠纷再审民事判决书【（2014）豫法民提字第 00094 号】。

二审法院认为，无论合法行为还是违法行为，只要其造成环境污染或破坏，从而具有了危害性，即可成为环境侵权行为的要件之一。行为的违法性并不构成环境侵权行为的必要前提，而行为的致害性才是环境侵权行为的构成要件。对于环境污染，应当以包括有造成损害的现实威胁和已造成损害两种情形的危害事实为要件。若在损害发生前就及时采取预防性救济措施，则可以避免或减少损害结果的发生。根据本案当事人均认可的禹州市防疫站的证明，因禹亳公司所修建的铁路距离杜增申的种禽场不足300米，从而导致种禽场不符合畜禽场环境质量标准和动物防疫条件，无法办理《动物防疫条件合格证》，其种禽场的搬迁已不可避免，禹亳公司作为所修建铁路的管理者和受益者，同时作为环境污染部门，对该搬迁费用应予赔偿。河南省高级人民法院指令许昌市中级人民法院再审，许昌市中级人民法院认为，禹亳公司在本案纠纷中虽不存在实施侵权行为的主观恶意，但客观上该改建工程的施工建设改变了豫申种禽场的周边养殖环境，给杜增申造成了经济利益上的损失。豫申种禽场是一家经禹州市有关部门审批、注册登记的个体工商户，杜增申作为个体经营主体，长期以来该种禽场已经成为其家庭主要生活和经济来源。在种禽场周边环境不符合畜禽场环境质量标准和动物防疫条件的情形下，该种禽场的搬迁已不可避免，根据公平合理原则，禹亳公司作为该铁路的经营受益方应当就杜增申的损失给予以合理的经济补偿。禹亳公司以支付合理搬迁费用作为本案经济补偿方式是适当的。

二、环境侵权损害程度与赔偿范围认定困难

环境侵权发生后，对被害人产生的损害程度不同，进而赔偿范围大相径庭。因环境污染损害与传统侵权损害不同，传统侵权损害大多在损害发生时或短期内即能显现，但环境污染导致的损害则不尽然。只有部分环境污染损害后果较快显现，而大多数污染损害后果要经过较长的潜伏期才显现出来。随着时间的推移，损害后果与损害程度极有可能随时间迁移而变化，但司法保护途径只能对截止到诉讼之日的损害后果与损害程度予以裁判。

案例5中，法院因原告未证明损害程度，便驳回了原告全部诉讼请求。

案例5：抚顺市中级人民法院审理作出的关于唐宝财与王巨平财产损害赔偿纠纷二审民事判决书【（2015）抚中民终字第00681号】。

一审法院认为，本案系环境污染责任纠纷，虽然根据《侵权责任法》有关规定，环境污染责任纠纷实行举证责任倒置，即由污染者承担举证责任，但污染者的举证责任范围限于法律规定的不承担责任或者减轻责任的情形及其行为与损害之间不存在因果关系。对于受害者遭受的实际损害，应由受害者承担举证责任。因原告未就其养蛾卵的数量及蚕虫死亡数量提供证据证明其主张，故判决驳回原告唐宝财的诉讼请求。二审法院认为上诉人唐宝财不能提供确实充分的证据证明投放蚕蛾的数量和蚕虫死亡的数量，由此产生的不利后果应由唐宝财承担举证不能的责任。唐宝财虽提供了购买蚕种的证据和投放蚕蛾蚕场的位置，但因其是在四处蚕场分别投放了蚕蛾，不足以证明其在诉争蚕场投放了220只蚕蛾，故判决驳回上诉，维持原判。

民事法律中最重要、最基本的侵权责任方式是赔偿损失，赔偿损失同时也是环境侵权责任承担的重要方式。一般来说，环境侵权既包括人身损害、财产损害，也涵盖了精神损害和环境损害。财产损害可划分为直接财产损害和间接财产损害，财产损害具体的赔偿项目如何确定？环境侵权会对特定人的健康状况、生活条件、精神状态等产生影响，乃至不特定的大环境下的人类、其他物种产生不良后果，甚至还会通过遗传危及后代，危害不容小觑。环境侵权给受害人人身和财产造成的损害应当赔偿已毋庸置疑，但对受害人所遭受的精神损害和环境权益损害是否应当赔偿并不明确，司法实践做法各异。我国环境侵权损害赔偿范围较小，局限于财产损害和人身损害，对于精神损害赔偿和环境权益的补偿力度不足。

前述案例2中，南京市中级人民法院认为，该案系环境侵权案件，因餐饮经营者油烟与污水排放的行为致使陈加汉正常的居住生活环境发生改变，虽然此种环境改变目前尚未直接造成陈加汉严重的人身损害，但此种侵害他人环境权益的行为，必然会给环境受害者造成心理上的痛

苦，且环境侵权行为本质上是改变环境的行为，环境受害者对保持其良好生活环境的期待即是对延续其健康和生命的期待，是健康权和生命权的内在要求，具有人格利益，对此期待利益的侵害，实际就是侵害了环境受害者的人格利益。依照《最高人民法院关于确定民事侵权精神损害赔偿责任若干问题的解释》的规定，自然人因人格权利遭受非法侵害，可以请求精神损害赔偿。故对陈加汉主张精神损害赔偿的请求，酌定精神损害抚慰金数额为3000元。前述案例3中，何顺英、江隆圣、何江玫申请再审认为，台江公司、天信公司在水泥装卸过程中噪音、粉尘长期超标直接造成何顺英全家严重精神损害。江隆圣因立案时太年幼，二审法院认为，本案系环境侵权案件，因餐饮经营者油烟与污水排放的行为致使陈加汉正常的居住生活环境发生改变，虽然此种环境改变目前尚未直接造成陈加汉严重的人身损害，但此种侵害他人环境权益的行为，必然会给环境受害者造成心理上的痛苦，且环境侵权行为本质上是改变环境的行为，环境受害者对保持其良好生活环境的期待即是对延续其健康和生命的期待，是健康权和生命权的内在要求，具有人格利益，对此期待利益的侵害，实际就是侵害了环境受害者的人格利益。依照《最高人民法院关于确定民事侵权精神损害赔偿责任若干问题的解释》的规定，自然人因人格权利遭受非法侵害，可以请求精神损害赔偿。故对陈加汉主张精神损害赔偿的请求，予以支持。根据本案侵权人的过错程度、造成的侵权后果等因素考虑，酌定精神损害抚慰金数额为3000元。尚不能配合医生做检查，只有少量医药费，但以何江玫的病情和双耳受伤害程度可以推测江隆圣的听力障碍也难以幸免。何顺英一次性请求20万元的精神损害赔偿，何江玫与江隆圣分别请求50万元、10万元精神损害赔偿，均属合理。但最高人民法院再审认为，依照《中华人民共和国侵权责任法》第22条的规定：“侵害他人人身权益，造成他人严重精神损害的，被侵权人可以请求精神损害赔偿。”二审法院认定天信公司应当赔偿何顺英医疗费等损失、赔偿何江玫医疗费、赔偿江隆圣医疗费。在二审判决作出前，何顺英、江隆圣、何江玫遭受的有关经济损失并不高，江隆圣所受损害较轻微。二审法院根据何顺英、江隆圣、何江玫的病情、双方的责任以及其居住地区的经济发展状况和生活水平，酌定天信公司分别向何顺英、何江玫支付精神损害抚慰金5000元、3万元，不支持江隆圣的精神损害赔偿请求，并无不当。

目前司法实践中，各级人民法院支持精神损害赔偿，但赔偿金额，以及对于未来必然发生的损害程度与范围，是否予以支持，存在较大争议。

三、环境侵权证据搜集难

法院审判案件必须以事实为依据，以法律为准绳，法院认定案件事实建立在当事人所提交的各种证据基础上。各种环境侵权案件，对于原告来说，证据的搜集显得尤为重要，但也是最为困难的事情之一。一是证明污染事实存在的证据。包括污染源的照片、视听资料、环境监测报告等；二是证明污染损失的证据。包括动、植物和其他财物的损失数量、市场价格证明、价格鉴定报告、病历、医药费票据、人身损害鉴定报告等；三是证明侵权行为与损害后果之间的因果关系的证据。一方面要考虑环境保护行政机关、鉴定机构或有关专家的意见，另一方面也要综合全案的有关材料，进行全面的比较分析。上述证据专业性强，涉及环境、市场、医学、行政机关相关的权威报告、意见较多，当事人想要全面收集难度很大。案例6中，因原告未及时对鱼塘中的水体、黑鱼、捞取上来的死亡黑鱼取样化验，亦未进行黑鱼死亡与喷洒农药之间是否存在因果关系进行司法鉴定，导致法院认为原告并未完成其要求被告承担侵权责任的举证义务，故最终败诉。

案例6：潍坊市中级人民法院审理作出的关于王希忠与石秀梅财产损害赔偿纠纷二审民事判决书【（2013）潍民一终字第236号】。

一审法院认为，水污染责任纠纷属于环境污染责任纠纷范畴，是指因工业活动或者其他人为原因，导致水环境遭受污染或者破坏，从而造成他人人身、财产权益或者公共环境、其他公共财产遭受损害，或者有造成损害的危险时，当事人之间所发生的、要求侵权人承担赔偿责任的纠纷形式。财产损害赔偿纠纷适用于因财产受到损害，权利人请求赔偿损失的情形，是最为基本的、因侵害物权而发生的民事责任纠纷表现形式。水污染责任与财产损害赔偿责任在适用法律、归责原则、因果关系、民事主体、举证责任等方面有着明显区别。从本案查明的事实看，当事人实际诉争的法律关系不符合水污染责任纠纷的责任构成，应依据相关规定，变更为财产损害赔偿责任纠纷。本案争议的焦点问题是王某所养的黑鱼是否因石某喷洒农药导致死亡、石某应否承担赔偿责任。本案中，王某主张其养殖的黑鱼系因石某喷洒农药导致死亡，认为其遭受的损失与石某喷洒农药的行为存在因果关系，王某对此应提供充分、有效的证据予以证明。本案所涉黑鱼死亡时，王某换掉鱼塘中的水体、未及时送交有关机构导致无法检验水体中所含有的百草枯农药的浓度，同时未将其与吴世来共同捞取的死鱼作为样本进行相关鉴定以确定死因，导致无法按法定程序委托中介机构进行司法鉴定以确定黑鱼死亡是否与喷洒农药的行为之间存在因果关系，王某应承担举证不能的不利后果。基于王某的举证情况及上述分析，应认为王某未完成证明喷洒农药的行为与其损害后果之间存在因果关系的举证责任，亦无法确定喷洒农药行为系导致黑鱼死亡的原因这一事实，王某要求石某赔偿损失的请求证据不足，不予支持。判决驳回王某的诉讼请求。二审法院认为，本案中，王某要求石某赔偿其损失，其至少应对侵权责任的以下构成要件承担举证责任，即：石某从事了侵害其合法权益的侵权行为、造成了损害后果、侵权行为与损害后果之间存在因果关系。从本案查明的事实看，在发生鱼塘所养黑鱼死亡现象后，王某未对鱼塘中的水体取样化验以确定是否含有百草枯农药成分，未对鱼塘中的黑鱼进行取样检验确定鱼体内是否含有百草枯农药成分，亦未从其与吴世来共同捞取上来的死亡黑鱼中选取样本进行死因鉴定或者进行黑鱼死亡与喷洒农药之间是否存在因果关系的司法鉴定，所提供的视频资料、公安机关询问笔录、照片等证据并不足以充分证明黑鱼死亡与石某在鱼塘周边杂草、苇子上喷洒农药的行为存在因果关系，在此情况下，王某并未完成其要求石某承担侵权责任的举证义务，应承担对其不利的法律后果。故该院对涉案黑鱼死亡与石某在鱼塘周边杂草、苐子上喷洒农药的行为存在因果关系的事实不予认定。原审以王某证据不足为由驳回其诉讼请求并无不当，予以维持。

四、因果关系认定难

传统民法侵权中的因果关系认定理论是环境侵权中的因果关系认定的基础，环境侵权由于其特殊性导致了环境侵权的认定比一般的侵权行为中的因果关系认定更加的困难。具体来说：

第一，环境侵权具有主体的不平等性。在环境侵权中，侵害人多为经国家许可的具有特殊经济、科技、信息实力的企业或企业集团，而受害人则多为欠缺规避能力和抵抗能力的普通公民，侵权双方虽然在法律上具有平等的地位，但他们之间却形成了信息不对称、财力不对等的社会现实，这种现实会导致他们在权利实现与权益救济方面的不平等。比如，受害者在实际受到损害的情况下，由于污染企业发挥着“财源”和“政绩”的作用而得到当地政府各部门的“照顾”和“保护”，从而无法进入正常的索赔程序。这是一种“实质不公平”现象，已背离了传统民法以主体平等为制度根基的法理基础。

第二，环境侵权具有侵害状态的复杂性。环境侵权是一种特殊的侵权行为，它表现为以环境为介质来间接地侵害公民的人身权、财产权及环境权等合法权益。这种独特的侵权作用机理决定了环境侵权侵害状态的复杂性。侵害状态具有持续性，侵害结果具有累积性，损害结果往往具有滞后性、潜在性。

第三，环境侵权具有影响的广泛性。由于环境具有较强的扩散性与开放性，污染物也会随之扩散到环境因子到达之处，从而扩大了环境侵权损害结果的影响范围；同时由于其本身的持续性和积累性，又进一步加大了影响的范围。这导致环境侵权往往表现为使不特定多数人或物的权益受到侵害，甚至分不清楚到底谁是受害人，谁是侵权者。

第四，环境侵权具有原因行为的正当性。在环境侵权中，从另一个角度看，诸如煤烟排放、废物废水倾倒等行为，其本身是正常的经济生活或是伴随正常的生产、生活所产生的“副产品”，如果这种活动受到严格禁止，则人类的文明发展势必停顿，人类福利也必然会受到限制。

在环境侵权的这种特征之下，传统的民法侵权理论受到了挑战：1. 虽然相当因果关系理论大大降低了环境侵权中因果关系认定的程度标准，部分回应了环境侵权的侵权状态复杂性和影响广泛性的问题，但却没有解决其主体不平等性和原因行为正当性的问题；2. 英美法系的“二元”因果关系理论和大陆法系的“二分法”因果关系理论为环境侵权的原因行为的正当性问题提供了一定的出路，却仍没有解决主体不平等性的问题；3. 如何具体的认定环境侵权中的因果关系，在传统理论中并不能找到答案。

下述案例 7 中，因为被告无法证明其行为与损害结果之间不存在因果关系，故判决其应当依法承担赔偿责任。相反地，在下述案例 8 中，一审将案件认定为环境污染损害赔偿纠纷，被告申请对损害与其排放粉尘行为之间是否存在因果关系进行鉴定。一审法院将鉴定材料移送三家鉴定机构进行鉴定，但该三家鉴定机构均复函表示对此无法鉴定。二审法院将案件认定为财产损害赔偿纠纷，认为原告必须举证证明其所遭受的损失与被告的侵权行为之间存在因果关系。可见案由定性不一，导致证明责任分配不同，尤其是因果关系的证明责任分配给原告承担还是被告承担，将直接影响案件的最终结果。从一个侧面反映在环境污染损害责任纠纷中，因果关系的证明天然就具有困难，以至于由诉讼哪一方当事人承担，对该方当事人即赋予了较大的责任。

案例7：沈阳市中级人民法院审理作出的关于上诉人沈阳市畜牧兽医科学研究所与被上诉人王喜斌、赵淑华、王东辉、王东菊财产损害赔偿纠纷民事二审判决书【（2015）沈中民一终字第 00340 号】。

一审法院认为，行为人因过错侵害他人民事权益，应当承担侵权责任。研究所没有对院内的猪粪池进行有效管理，导致污水溢出并流到四名被上诉人承包土地中，造成四名被上诉人种植葡萄减产。应赔偿四名被上诉人的合理损失。二审法院认为，本案属于环境污染责任纠纷。根据《民事诉讼证据规则》规定：因环境污染引起的损害赔偿诉讼，由加害人就法律规定的免责事由及其行为与损害结果之间不存在因果关系承担举证责任。研究所猪粪池的污水在雨季流到四名被上诉人土地中，造成四名被上诉人财产损失的事实。上诉人不能提供充分证据证明其行为与损害结果之间不存在因果关系，故上诉人应当依法承担赔偿责任。最终判决驳回上诉，维持原判。

案例8：重庆市第五中级人民法院审理作出的关于黄辉和与重庆广创工贸有限责任公司水泥厂财产损害赔偿纠纷二审民事判决书【（2014）渝五中法民终字第05233号】。

一审法院认为，对环境污染纠纷，黄辉和应对损害事实承担举证责任。本案中，黄辉和举示的证据并不能充分证明其受到损害的事实。黄辉和从2011年起未再对其房屋进行修缮，从双方举示的照片中也可以看出，黄辉和的房屋屋顶已长满杂草、青苔。根据房屋的客观情况及基本的常识判断，黄辉和怠于定期修缮，导致其房屋因年久失修而垮塌，黄辉和应自行承担相应损失。同时，广创水泥厂针对该厂的粉尘污染对包括黄辉和在内的村民进行了相应补偿，黄辉和也领取了相应款项。因此，对黄辉和要求广创水泥厂停止侵害及赔偿损失的请求，不予支持。判决驳回原告黄辉和的诉讼请求。一审审理中，广创水泥厂申请对黄辉和所述损害与广创水泥厂排放粉尘行为之间是否存在因果关系进行鉴定。一审法院将鉴定材料移送后勤工程技术司法鉴定中心、重庆市环境损害司法鉴定中心、重庆市建设工程质量检验测试中心，该三家鉴定机构均复函表示对此无法鉴定。二审法院认为，黄辉和提起本案诉讼要求广创水泥厂赔偿其房屋垮塌造成的损失，但其必须举证证明其所遭受的损失与广创水泥厂的侵权行为之间存在因果关系。从一审、二审所举示的证据来看，造成黄辉和房屋垮塌的主要原因应为房屋年久失修加之黄辉和采取以水冲刷的方式清理屋顶导致的木质结构腐烂。黄辉和并未举示充分证据证明其房屋垮塌与广创水泥厂排放粉尘行为之间的因果关系以及关联程度，一审据此未支持黄辉和要求广创水泥厂赔偿损失的请求恰当。同时，广创水泥厂在一审中所举示的证据可以证明该水泥厂已于2012年4月拆除了水泥机立窑，淘汰了落后产能，黄辉和在二审所举示的照片不能证明广创水泥厂目前仍在排放粉尘，故其要求停止侵害的请求同样不能成立。综上所述，黄辉和的上诉理由不能成立。一审认定事实清楚，适用法律正确。此外，一审将本案案由确定为环境污染责任纠纷不当，二审依法予以调整。

环境损害虽具有绵延性，但是在部分案件中，对于案件发生当时的具体情形，及时取证、鉴定、甚至保全，是法院认定案件事实与作出法律判决的关键因素。下述案例9中，最高人民法院对于再审申请人事后提交的证据，因缺乏与案件发生当时情形的直接关联性从而未予认可。

案例9：最高人民法院审理作出的关于山东富海实业股份有限公司与曲忠全等环境污染责任纠纷再审复查与审判监督民事裁定书【（2014）民申字第1782号】。

最高人民法院认为，根据《中华人民共和国侵权责任法》第66条的规定，富海公司作为污染者，应就法律规定的不承担责任或者减轻责任的情形及其行为与损害之间不存在因果关系承担举证责任。富海公司申请再审虽称其提供了2000年11月、2007年2月烟台市环境保护科学研究所进行的环境影响评价，牟平区环境质量2001年~2005年度报告书及其委托上海市化工环境保护监测站对厂区大气中的氟化物作出的检测报告等证据，但前述环境影响评价系2000年、2007年作出，年度报告书的时间跨度为2001年~2005年度，上海市化工环境保护监测站检测报告则系2010年5月作出，与本案2008年、2009年的待证事实不具有关联性，均不足以证明其排污行为与损害之间不存在因果关系。即使排污符合国家或者地方污染物排放标准，亦不能免除污染者的环境侵权民事责任。一审、二审法院认定富海公司构成环境污染侵权，应对曲忠全的损害承担赔偿责任，认定事实和适用法律均无不当。

第二节　环境侵权救济方式的缺陷

一、责任形式以事后赔偿损失为主，预防、恢复等责任形式适用不规范

侵权民事责任形式是侵权损害所产生的法律后果，各种责任形式适用于各类不同的侵权行为。环境侵权民事责任形式散见于基本法与单行法中，主要可以分为两类。

第一类：以《民法通则》《侵权责任法》为代表，包括《环境保护法》《大气污染防治法》，规定了 8 种承担侵权责任的方式。《侵权责任法》第 15 条规定承担侵权责任的方式主要有：（1）停止侵害；（2）排除妨碍；（3）消除危险；（4）返还财产；（5）恢复原状；（6）赔偿损失；（7）赔礼道歉；（8）消除影响、恢复名誉。以上承担侵权责任的方式，可以单独适用，也可以合并适用。《环境保护法》第 64 条规定："因污染环境和破坏生态造成损害的，应当依照《侵权责任法》的有关规定承担侵权责任。"《大气污染防治法》第 125 条规定："排放大气污染物造成损害的，应当依法承担侵权责任"。

第二类：以《水污染防治法》为代表，包括《环境噪声污染防治法》，把"排除危害"和"赔偿损失"作为环境侵权民事责任的主要方式。《水污染防治法》第 85 条第 1 款规定："因水污染受到损害的当事人，有权要求排污方排除危害和赔偿损失"。《环境噪声污染防治法》第 61 条第 1 款规定："受到环境噪声污染危害的单位和个人，有权要求加害人排除危害；造成损失的，依法赔偿损失"。

司法实践中，这些责任承担方式对环境侵权民事责任主体而言是否都适用，该如何适用尚不明确。以赔偿损失为主的责任形式，对于定纷止争、案结事了起着重要的作用。只是在这种损失赔偿之外，应当建立

有效的预防、恢复的责任形式。一方面，责令侵权人对有关的环境破坏行为损害结果承担恢复原状、弥补损害的责任，是对受害者进行相关赔偿的有力补充。另一方面，对于被破坏环境的修复本身也应是环境侵权案件所应实现社会效果的一部分。特别是，要求侵权者承担必要的预防责任，对于长期的环境生态保护、社会经济发展将起到长远意义。

案例10：济南市中级人民法院审理作出的关于淄博矿业集团有限责任公司埠村煤矿与孟祥顺、孟凡国、孟凡玉、孟祥福财产损害赔偿纠纷二审民事判决书【（2015）济民四终字第420号】。

一审法院认为，因污染环境造成损害的，污染者应当承担侵权责任。本案诉讼的原因系埠村煤矿排水对土地造成损害，涉案土地系用于农业种植，应由市农业主管部门制定和实施该土地的复垦规划。章丘市国土资源局亦应与市农业主管部门对该土地是否达到复垦标准进行验收，现埠村煤矿提供的耕地质量鉴定意见仅载明“举报污染地块若进行复垦并加强管理，耕地功能可以恢复”，但该意见并未对涉案土地是否达到复垦标准做出说明。由于埠村煤矿未提供有效证据证实受损害的土地已达到耕种条件，应自行承担举证不能的法律后果。涉案土地由孟祥顺、孟祥福、孟凡玉、孟凡国承包及受到淹损的事实已为人民法院发生法律效力的裁判所确认，埠村煤矿二号井因排水占用、淹没孟祥顺等四人承包的土地造成的损失延续至今，埠村煤矿应予赔偿。二审法院认为，本案中无证据证实埠村煤矿排水构成污染，原审认为本案系污染环境造成的损害欠当。埠村煤矿主张其已完成复垦，涉案土地适宜耕种，受损土地已达到耕种条件，对此埠村煤矿应承担举证责任。埠村煤矿现无充分证据证明受损土地已达到耕种条件，对于由此给孟祥顺等四人所造成的损失应予赔偿。孟祥顺等四人因涉案受损土地不具备耕种条件无法通过耕种其承包地获取收益，其损失客观存在且持续至今，系由埠村煤矿造成，埠村煤矿应予赔偿。

但是，在公益诉讼中目前已经能够看到恢复性的赔偿判决，下述案例11即非常典型。判决主文中存在恢复林地功能要求被告作出一定行为的判决，并给出了具体的国家标准，同时要求被告抚育管护。

案例 11：福建省高级人民法院审理作出的北京市朝阳区自然之友环境研究所、福建省绿家园环境友好中心与谢知锦、倪明香等林业承包合同纠纷二审民事判决书【（2015）闽民终字第 2060 号】。

一审法院判决：一、被告谢知锦、倪明香、郑时姜和李名槊应于本判决生效后五个月内清除南平市延平区葫芦山砂基洋恒兴石材厂矿山采石处现存工棚、机械设备、石料和弃石，恢复被破坏的 28.33 亩林地功能，按照《造林技术规程》（DB35/T84－2005）标准并结合当地林业行政部门人工造林技术要求在该林地上补种林木，并对补种的林木抚育管护三年（管护时间从补种的林木经验收合格之日起计算）；二、被告谢知锦、倪明香、郑时姜和李名槊不能在第一项判决指定的期限内恢复林地植被，应于期限届满之日起 10 日内共同赔偿生态环境修复费用 110.19 万元（支付到南平市中级人民法院指定账户），该款用于本案的生态环境修复；三、被告谢知锦、倪明香、郑时姜和李名槊应于本判决生效后 10 日内共同赔偿生态环境受到损害至恢复原状期间服务功能损失 127 万元（支付到南平市中级人民法院指定账户），该款用于本案的生态环境修复或异地公共生态环境修复；四、被告谢知锦、倪明香、郑时姜和李名槊应于本判决生效后 10 日内共同支付原告北京市朝阳区自然之友环境研究所支出的评估费 6000 元、律师费 96200 元、为诉讼支出的其他合理费用 31308 元，合计 133508 元；五、被告谢知锦、倪明香、郑时姜和李名槊应于本判决生效后 10 日内共同支付原告福建省绿家园环境友好中心律师费 25261 元、为诉讼支出的其他合理费用 7393.5 元，合计 32654.5 元；六、驳回原告北京市朝阳区自然之友环境研究所和福建省绿家园环境友好中心的其他诉讼请求。二审法院驳回上诉，维持原判。

二、无惩罚性赔偿

惩罚性赔偿，又称示范性赔偿或报复性赔偿，是指由法庭所作出的赔偿数额超出实际的损害数额的赔偿。它是一种加重赔偿的原则，其目的一方面在于弥补侵权人自己造成的侵害后果，另一方面，也是为了对侵权人的行为进行惩戒，以重罚来防止未来的重犯，从而保护他人和社会公共利益。

惩罚性赔偿具有以下三个方面比较明显的特征：第一，惩罚性赔偿的依附性。惩罚性赔偿不是独立产生的，它的存在一方面需要具备肇事企业对环境破坏的过错性，另一方面还是建立在现有法律法规对于能够获得惩罚性赔偿的若干规定上的。第二，惩罚性赔偿数额确定具有一定的复杂性。在确定惩罚性赔偿的数额时，不能只考虑被害人受到的实际损失这样一个因素，还要考虑到被害人是否存在过失、侵权行为者在侵权时主观故意程度、损害后果的实际程度、侵权人的经济状况、当地社会经济发展状况等一系列因素。第三，惩罚性赔偿是法定而非事先约定。当事人在事前不能对有关惩罚性赔偿的事项进行约定，其具体的赔偿数额都必须依照法律法规的规定来进行。惩罚性赔偿其实是一种制裁行为，要求侵权者承担比危害行为更重的法律责任，因此限制法官的自由裁量权也是题中之义。

对于我国现阶段的经济发展状况和环境保护现状而言，惩罚性赔偿有其存在的必要价值。第一，从经济角度看，出于经济利益考虑，部分企业不顾长远利益、不顾环境生态，为了追求个人短期利益而破坏生态环境的事情是很容易发生的。这种行为直接破坏了自然环境，影响人的身体健康，也间接地对社会经济造成破坏。如果从一般地侵权损害赔偿角度，仅让环境破坏者从造成的实际损害角度进行经济赔偿，其付出的成本可能仍然小于其从不顾环境发展而采取的破坏行为所获得的收益。惩罚性赔偿的存在，提高了企业的违法成本，使得企业不得不衡量其依法治污与造成违法损害间的经济关系。一定程度上，惩罚性赔偿将有助于遏制企业逃避环境治理、只着眼短期利益的破坏趋势。第二，从环境侵权的特殊性上来看，环境侵权是一种特殊的、随着经济社会发展而出现的新的侵权行为。环境侵权行为，造成的损害范围往往很大、受害者人数往往众多，其破坏具有持久性和潜伏性特征。潜伏性导致环境侵权案件本身难以在短时期内看到所有侵害后果。面对那些经济实力和社会地位远远超过个体的受害者，要想彻底地、全面地获得来自侵权者的赔偿，往往非常困难。惩罚性赔偿有利于集聚资金，通过后续的其他方式提供对受害者持久的救助。第三，从一般侵权损害赔偿的角度看，其本身存在一定的固有缺陷。对于一般的民事侵权损害赔偿来说，它的主要目的是弥补损失，使受害者的利益尽可能恢复到原状。因此，在进行赔偿时，往往以受害者的实际损失为标准进行计算。如果受害者的实际损失难以计算，就会参考类似情况进行评估。这种评估是假设所评估的对象是处于同一水平、同一条件的。但实际上，由于每个受害者的处境都千差万别，想要精准地评估出受害者的实际损失往往是不容易的，很容易造成受害者获得的赔偿其实并未弥补其所受到的损害。更何况，这种赔偿一般不考虑生态环境被破坏的程度，但环境的破坏可能更加危险，造成更大的经济损失。惩罚性赔偿为解决上述问题提供了一个新的思路。

对于惩罚性赔偿而言，我国尚未形成完整的制度体系。可以看到，《消费者权益保护法》《合同法》《侵权责任法》中的部分条文对这一制度有所涉及，但是在环境保护领域，惩罚性赔偿还没有得到应用。对于标的额一般巨大、人数往往众多的环境侵权案件来说，引入惩罚性赔偿制度，有其现实的迫切必要和广泛的应用领域。

三、赔偿责任难以执行到位

第一种情况，关停企业不再承担责任。目前我国在处理环境污染事故时，一个较为普遍的做法是：肇事企业对环境做出了严重的污染破坏行为，行政机关、执法部门出手，对肇事企业的相关行为进行处罚。这其中最严重的处罚莫过于责令停产停业、吊销企业营业执照。这种方式确实在客观上终结了一个企业的生命，但是却隐含着另一重风险：严格的执法、彻底的取缔，使得企业失去了法律上“人”的资格，终止了的企业无法再为其之前的环境侵权行为承担责任。环境侵权行为的特点之一就是侵害结果经过一段时间才能显现，如果企业此前的污染行为，在企业被关停后才出现侵害后果，此时，受害者将直接面临投诉无门的情况。实际上，这种情况已经成为了一些企业故意逃避承担环境治理和损害赔偿的借口或对策。面对数量庞大的受害者或者赔偿金额，这些问题的解决就只能留给当地政府、社会，从而造成“企业污染——人民受害——政府埋单”的恶性循环。

第二种情况，污染企业自身经济状况堪忧。如果寻根溯源，企业之所以会排污，还是出于经济利益的考虑。这里面除了一些利欲熏心的企业主想不择手段地多获取经济利益之外，也有部门企业是自身的成本过高，难以支付昂贵的治污费用。对于这部分自身存在不良经济状况的企业来说，其本身就是由于经济薄弱才选择排污，如果遇到污染问题，就更加难以为继。此时，受害者在寻求赔偿时，大多数情况也只能提出诉求，但对于赔偿的兑现，往往需要很长的周期，甚至根本无法兑现。

第三种情况，损害程度难以量化致赔偿不足额。要确定环境侵权案件中的赔偿数额，就必须对环境侵权行为所造成的损害进行量化评估，为法院最终判决提供依据。然而，我国目前尚未建立有效的环境损害评估与赔偿资金机制。目前来看，污染致渔业财产损害实际案例中针对养殖渔业赔付相对较好，针对野生渔业损失的鉴定评估技术还不够完善，损失计算难度大导致赔付效果较差，赔付资金主要来自污染责任方和地方政府。在多数农田污染案中，农民仅能获得当期农作物经济损失赔偿，多数案例因果关系鉴定困难，鉴定评估费用过高，受害农民难以获得足额救济，针对农业生态环境损害难以量化获赔。农田污染案资金来源中责任方出资的情况较多，也有个别环境责任险赔付的案例。污染场地致环境损害（土壤和地下水资源）的多数案例涉及历史遗留问题，责任主体灭失或不清，主要是政府或土地开发商在出资进行修复活动；海洋环境污染致财产和生态破坏的部分案例中，受害者可以获得部分赔偿，但生态环境污染赔偿主要针对外籍油轮或公司索赔，国内已有船舶油污损害赔偿基金，但针对渔民私益损害和海洋生态环境公益损害的评估技术及能力依然欠缺。生物资源损害（珍稀物种、野生动植物等）案例中，仅有少数大型案例涉及生物资源保育和恢复措施。生态服务损害（草地、森林、湿地、海岸带等）案例中，也仅有少数大型案例中有部分生态功能保育和恢复措施。

上述列举的情况，是环境侵权案件中赔偿责任难以落实的相对具体的情况体现。在实际的审判和执行工作中，由于各个案件中的情况不尽相同，很多被执行人还会想出各种理由逃避执行，给执行工作造成很大困难。这些情况，都极大地阻碍了赔偿责任落实到位，阻碍了受害者依法获得相应的赔偿救济。

第三章 环境侵权受害者权益司法保护的特别程序

第一节 环境科学证据的形成

一、鉴定程序的完善

司法实践中，鉴于环境侵权案件在损害后果以及因果关系认定上的困难，在案件的事实认定过程中，鉴定结论起着至关重要的作用，“因果关系的判断很少会运用到其它证据”。[①] 从各国环境侵权诉讼实践来看，对于证明案件事实的关键证据，一般委托专业机构加以鉴定，而非由法院直接进行认定。

在环境侵权案件中，法院之所以对科学证据特别是鉴定结论过度偏好，主要是因为鉴定结论是“证据之王”，其自身公正性的特质，相对其他证据形式更具有证明力、说服力，更能彰显司法公正。然而，在环境侵权案件中鉴定结论的证据效力受到其自身因素的诸多限制。目前，我国鉴定机构及配套制度极不完善，特别是在环境污染损害评估、鉴定方面，并不存在专业的评估、鉴定机构，导致在环境污染损害鉴定方面呈现出多头鉴定、重复鉴定、甚至鉴定结论相互矛盾等乱象。鉴定制度的缺失导致法院在环境污染原因、损害后果的认定方面严重缺乏公信力。鉴于此，在环境侵权案件中，如果法院仅仅依靠鉴定结论来认定案件事实，而忽视其他方面的证据，极有可能导致认定事实偏差或者不清，从

---

① 吕忠梅、张忠民、熊晓青：“中国环境司法现状调查——以千份环境裁判文书为样本”，载《法学》2011 年第 4 期。

而导致裁判不公，影响司法公正，带来负面司法效应。故有进一步必要完善环境侵权司法鉴定制度。

（一）健全环境侵权司法鉴定评估机构

根据《最高人民法院关于民事诉讼证据的若干规定》第25条第1款、第27条第1款第1项的规定，当事人提出证据证明鉴定机构或者鉴定人员不具备相关的鉴定资格的，对鉴定部门作出的鉴定结论有异议申请重新鉴定的，人民法院应予准许。鉴于目前我国真正具备环境科学鉴定条件和能力的机构非常少，有必要建立一支正规化、专业化、规范化的环境鉴定评估队伍，为法院裁判提供客观、公正的鉴定意见。

环境鉴定评估机构属于从事环境鉴定评估的专门执业机构，在符合相应的执业条件时，经省级以上行政机关审核登记，取得从业许可证，并在登记的业务范围内开展鉴定活动。为保证鉴定的客观、公正，在全国范围内应实行统一的环境鉴定评估机构、鉴定人审核登记、名册编制及名册公告制度。各鉴定机构之间相互独立，接受委托从事环境鉴定评估业务不受地域范围限制。

对于环境鉴定评估机构的管理，应实行行政外部管理与行业内部管理相结合的双重监督、管理制度。行政机关依法对环境鉴定评估机构及鉴定评估活动进行指导、管理和监督、检查，发现违反规定或者违法行为时，可以直接作出处罚。环境鉴定评估行业协会属于自律性组织，依法对环境鉴定评估机构进行自律管理，定期组织自我排查，针对发现的问题，及时优化改进，不断提高行业服务水平。同时，针对我国目前评估鉴定机构的公信力缺失问题，为提高环境鉴定评估从业人员的执业道德水平，环境鉴定评估机构应定期组织评估人员学习职业道德规范，学习相应法律法规，确实做到环境鉴定评估活动依法、依规开展。鉴定人参加鉴定活动，应当独立进行，对鉴定结论负责并在鉴定书上签名或者盖章。鉴定人执业应实行严格的回避、保密、时限和错鉴责任追究制度。

（二）完善鉴定程序

根据原、被告举证责任分配，原告应当就损害后果承担举证责任，申请鉴定。被告就不存在因果关系承担举证责任，申请鉴定。法院可以根据案情行使释明权，要求原、被告就自己应当举证的内容申请鉴定。

（三）鉴定结论的采用

对于鉴定机构做出的鉴定结论，对于损害后果和因果关系的判断，法官应当改变传统观点，不能过分迷恋鉴定结论的效力，而应结合特定背景知识进行识别，综合考量原、被告各方提供的其他各类证据，尽可能还原事实，以达到“内心确信”的过程。

二、因果关系的认定

（一）因果关系认定困难

在环境侵权案件中，因环境侵害具有广泛性、长期性、持续性、潜伏性及间接性等多重特征，环境侵权行为与损害结果之间的因果关系认定异常困难。相比一般侵权行为，在环境侵权中，加害人的行为往往通过一系列中间媒介（如空气、水等）的作用才导致损害后果的发生，而非直接作用于受害人。在整个过程中，任一环节都不可或缺，都会对损害后果的发生产生影响。同时，因环境侵权行为离不开“环境”这一媒介，环境的特性直接决定了侵权行为的损害后果。而污染物本身所具备的化学、物理、生物、放射等特征，在特定的环境下，可能会发生复杂的物理、生物或化学反应，并通过各种自然规律发生迁移、扩散、富集等现象，使损害过程变得复杂，使损害后果呈现多样。① 鉴于环境损害的上述特征，不管是对于受害人还是加害人，在环境损害的因果关系举证上均异常困难。

（二）因果关系推定

鉴于环境侵权案件中，因果关系认定具有技术性、复杂性等特征，我国一贯采取“证明责任倒置”的立场，并在认识上逐步深化、统一。

① 陈慈阳：《环境法总论》，中国政法大学出版社2003年版，第336～338页。

1986 年《民法通则》将环境污染纳入特殊侵权范畴，适用“无过错责任”，但并未涉及举证责任问题。最早涉及举证责任相关规定的，当属 1992 年最高人民法院发布的《关于贯彻执行〈民事诉讼法〉若干问题的意见》，其中第 74 条规定，在“因环境污染引起的损害赔偿诉讼”中，对“原告提出的侵权事实，被告否认的，由被告负举证责任”。因这一时期学理及实务上对于“举证责任”的理解均停留在“谁主张，谁举证”，对于“举证责任倒置”，不管在理论研究还是司法实践中均存在一定的争议和分歧。因此，最高人民法院在 2001 年发布的《关于民事诉讼证据的若干规定》第 4 条第 3 款明确规定：“因环境污染引起的损害赔偿诉讼，由加害人就法律规定的免责事由及其行为与损害结果之间不存在因果关系承担举证责任。”由中国社会科学院起草的《中国民法典侵权行为法编（草案）》第 8 条也规定：“因果关系由受害人证明。但法律规定应由加害人证明因果关系不存在的，如加害人不能证明因果关系不存在，则推定因果关系存在。”由中国人民大学起草的《中国民法典侵权行为法编（草案）》第 136 条规定：“因环境污染造成人身或者财产损害的，其污染行为与损害事实之间的因果关系可以实行推定。污染环境的行为人能够证明损害事实与污染行为没有因果关系的，行为人不承担民事责任。”《侵权责任法》第 66 条进一步明确：“因污染环境发生纠纷，污染者应当就法律规定的不承担责任或者减轻责任的情形及其行为与损害之间不存在因果关系承担举证责任。”

关于因果关系推定的内涵，主要可以归纳为以下几类观点：

第一种观点认为，在环境侵权案件中，应适用举证责任转移原则。原告仅需要提供初步证据证明自己因加害人的污染行为受到了损害，其余举证责任转移给加害人。如果加害人不能举证证明损害后果不是由其造成的，即可推定加害人的污染行为与受害人的损害之间存在因果关系，加害人应当就受害人的损失承担环境侵权的民事责任。①

① 丁凤楚：“论国外的环境侵权因果关系理论——兼论我国相关理论的完善”，载《社会科学研究》2007 年第 2 期。

第二种观点认为，“如果加害人能够证明其污染行为与受害人的损害结果之间不存在因果关系，则可免除其环境侵权的民事责任，否则，即推定其加害行为与被害人损害结果之间存在因果关系。”①

第三种观点认为，因果关系的举证责任在形式上仍由受害人承担，若被告不能证明因果关系不存在，则视为因果关系存在。对于事实的举证，“原告只需要完成相当程度的举证，不要求全部技术过程的举证。”②则可完成事实推定。

可见，学者们在“因果关系推定”的认识上存在不同见解。分歧主要集中在以下三个方面：（1）对于因果关系的证明，受害人是否承担举证责任？（2）“因果关系推定”是否指因果关系的举证责任从受害人转移至加害人？由加害人对因果关系的认定承担全部的举证责任？（3）“因果关系推定”于何时发生？即在受害人完成初步证明时“推定”因果关系成立？还是加害人不能反证因果关系不存在时“推定”因果关系成立？

（三）因果关系推定的举证责任分配

鉴于我国在环境侵权案件方面理论研究不够深入、司法实践经验不足的现状，在因果关系推定的司法实践中，应以平衡社会利益、确保公平正义为价值导向。同时，应严格限制因果关系推定原则的适用范围，防止该原则在环境侵权案件中被过分滥用。

从目前的立法实践来看，《防止船舶污染海域管理条例》第 41 条对污染损失证据的规定较为明确具体，如果参照该条规定的内容进行因果关系推定可操作性较强。该条规定：“受船舶污染损害的单位和个人，在提交污染损害索赔报告书时，只需附：（1）受船舶污染的时间、地点、范围、对象；（2）受污染损害的损失清单；（3）有关损害情况的鉴证；（4）有关照片等。”从该条规定可以看出，受害人在提请索赔时只需要

---

① 李彩虹：“论环境污染侵权因果关系的证明”，载《盐城师范学院学报（人文社会科学版）》2008 年第 1 期。

② 李薇：“日本侵权行为法的因果关系理论”，载《外国法译评》1995 年第 4 期。

提供船舶污染损害时的自然环境、损失情况、有关损失的鉴定以及相关原始凭证。关于污染行为、污染行为与损害结果之间的因果关系等影响责任承担的重要证据由加害人承担举证责任。加害人只有通过举证证明其不存在污染行为或者即使存在污染行为，但是污染行为与损害后果之间不存在法律上的因果关系，从而免除其责任；或者加害人举证证明存在侵权责任法规定的其他法定免责事由。

故在环境侵权案件中，举证责任具体配置如下：

第一，原告应对被告污染行为与损害后果之间的关联性进行举证。无论举证责任是否倒置，原告均应举证证明案件的基本事实，如证明污染行为、损害后果以及污染行为与损害后果的关联性。

第二，在原告本证的基础上，被告应提出反证。被告通过举证证明其不存在污染行为或者即使存在污染行为，但是污染行为与损害后果之间不存在法律上的因果关系，完成“举证责任转换”，从而使案件信息最大化，更接近事实。

同时，鉴于环境侵权案件中证据的技术性特征，在证据的运用上，应保障当事人双方对事实证据的平等接近，应充分发挥证据交换程序在每个案件中的作用，当事人有权就证明案件事实的证据要求举证方进行充分说明，确保案件审理的公平和效率。

第二节　完善支持起诉制度

《民事诉讼法》第 15 条规定：“机关、社会团体、企业事业单位对损害国家、集体或者个人民事权益的行为，可以支持受害的单位或者个人向人民法院起诉。”因环境污染、产品质量缺陷、不正当竞争等造成不特定多数人人身、财产损害的或者拒不支付劳动报酬、人身损害赔偿金等严重侵犯弱势群体合法权益的，由于受害人往往属于风险承受能力、诉讼能力较弱一方，在形式平等的民事诉讼中处于实质不平等的地位，支持起诉的目的就在于平衡民事诉讼结构，实现民事诉讼的实质平等。支持起诉制度可以作为环境公益诉讼的补充和完善。实践中，因诉讼意识和举证能力等问题，合法权益受破坏和受污染环境行为直接侵害的公民个人往往难以提起环境诉讼，此时公民可以依据上述规定，向有关部门请求支持，或者起诉时因无直接利害关系，而环境污染和破坏行为又确实发生，法院在审查起诉时应告知当事人更换适格原告。由于法院也属于可以支持起诉的机关之列，其可以依据上述条款发出司法建议书，要求有关机关履行环境保护职能或支持适格原告起诉。例如，2009 年 11 月，云南省昆明市环保局作为原告提起公益诉讼，昆明市人民检察院同时出具支持起诉意见书对原告的诉讼予以支持，这就将环保机关的起诉资格和检察机关支持起诉职能统一起来，既是诉讼方法的创新，又未突破现行法律的规定，是一种极具借鉴意义的模式。

一、支持起诉的主体

在环境侵权案件中，除受害人有权向侵权人主张权利以外，应当鼓励法律规定的机关和有关组织以支持诉讼的形式支持受害人向侵权人主张权利。支持起诉的主体应当包括法律规定的机关和有关组织（而非社会团体），没有任何法律授权的有关机关或组织、公民个人没有提起侵权诉讼的权利。总体而言，司法实践中，支持起诉的情形较少，其中又以人民检察院支持起诉为主。人民检察院可以支持环保机构或者法律授权的环保组织向人民法院提起环境侵权诉讼。必要时，人民检察院也可以直接向人民法院提起环境侵权诉讼。

二、支持起诉的形式

1. 由于对支持起诉的形式和程序缺乏具体明确的操作性规定，为避免风险，一般情况下，检察机关在进行支持起诉活动时，采取的都是向原告出具《支持意见书》的形式，并不直接参与庭审。有些基层检察院尝试检察官直接出庭参与庭审[①]，但这一形式可能对被告产生压力，间接影响了民事诉讼当事人的平等地位。因此，较为理想的做法是，检察机关应原告的申请决定是否出庭支持起诉，原告申请，检察机关经审查后决定出庭的，也只是宣读《支持起诉意见书》并对支持起诉的事由予以说明，不参与法庭调查和法庭辩论。人民法院必要时可以在庭审前，通过听证程序对支持起诉的具体事项进行确认，而在正式庭审中检察机关不必出庭。

2. 对于法律规定的机关和有关组织作为原告起诉的情形。人民法院在接受原告提交的材料后，应当对原告提交的有关致害主体、环境污染事实等基本证据材料进行严格审查，必要时可以在立案前通过听证程序等合法形式对相关证据材料进行确认。只有在基本材料得以有效确认的前提下，法院才能受理环境污染案件。同时因法律规定的机关和有关组织并非环境侵权案件中的受害人，仅仅代表环境污染侵权案件中的受害人行使赔偿请求权，所以其不能通过公益诉讼获得经济效益。在案件审理过程中，人民法院应主动查明受害人，如果可以查明受害人，应当追加受害人为共同原告，且裁决将部分赔偿款直接支付给受害人；如果无法查明具体的受害人，则应当裁决将赔偿款提存给相应的行政机关，由该行政机关履行具体的分配以及污染整治等义务。在加害人败诉的情况下，原告因诉讼而支出的诉讼费、鉴定费、评估费、差旅费以及误工费等，应当由致害人承担，并在赔偿款中预先扣除。

第三节　先予执行的放宽

在 2012 年《民事诉讼法》实施前，我国一向欠缺行为保全的法律规定，因此，指向行为的先予执行措施在实践中广泛存在，例如最高人民

---

① 广西藤县、南京下关区、深圳市南山区检察院都曾经尝试检察官直接出庭支持起诉。

法院和各地法院曾通过先予执行裁定命令被告“交还诉争的证件、资料”[①]“交还印章”[②]“交还被扣拦的货车”[③]“返还急需的货物”[④]“腾空房屋及场地”[⑤]“停止施工”[⑥]“撤离施工现场”[⑦]“尽快处理养鸡场内的5000只小鸡”[⑧]“交出铁门锁匙以打开芒果园的通道”[⑨]“拆除涉嫌侵害名誉权的条幅和展板以及停止散发油印材料”[⑩]“禁止使用涉嫌不正当竞争的宣传册”[⑪]等。

上述案件中，先予执行的目的在于制止侵权行为的持续存在，防止损失的扩大，而非先行给付。2012年《民事诉讼法》引入行为保全制度后，先予执行将重新回归到先行给付的范畴，这近似于英国法上的中间给付令（interim payment order）。

《民事诉讼法》第106条规定了当事人申请先予执行的几种情形：“（一）追索赡养费、抚养费、抚育费、抚恤金、医疗费用的；（二）追索劳动报酬的；（三）因情况紧急需要先于执行的。”第107条规定了人民法院裁定先予执行的条件：“（一）当事人之间权利义务关系明确，不

---

① 上海唐衡电子有限公司诉唐森銶证件、资料纠纷案，上海市金山区人民法院民事判决书（1999）金民初字第1948号。

② 郭苏焕与杨晓宇、杨晓岚、陈道宜、陈汉湘、深圳市恒运泰投资发展集团有限公司股权转让合同纠纷案，最高人民法院民事判决书（2011）民二终字第62号。

③ 重庆圣西罗汽车运输公司綦江分公司诉潘永国财产损害赔偿纠纷抗诉案，重庆市巴南区人民法院（2005）巴民再审初字第00009号。

④ 杭州信义运输有限公司诉饶武林公路货物运输合同案，江西省金溪县人民法院（2003）金民初字第506号。

⑤ （2009）丰民初字第23737号；陈彬彬与泰兴市粮食购销总公司买卖合同纠纷案，江苏高院民事判决书（2003）苏民终字第052号。

⑥ 三门峡银信房地产开发公司诉燕锋土地使用权转让合同纠纷案，河南高院民事判决书（2002）豫法民一终字第153号。

⑦ 浙江鼎立建筑集团有限公司与吉林尊爵房地产开发有限公司等拖欠工程款、赔偿纠纷案，最高法院民事判决书（2001）民一终字第62号。

⑧ 长治市雷泽淀粉有限公司诉李建飞等土地使用权纠纷案，山西省长治市城区法院民事判决书（2006）城五民初字第80号。

⑨ 饶镜宗诉陈培元芒果通道纠纷案，海南中院民事判决书（2000）海南民终字第428号。

⑩ 中国人民解放军第371医院诉张彦清、沈国芬侵害名誉权案，河南新乡中院（1999）新民终字第248号。

⑪ 中国人民解放军第371医院诉张彦清、沈国芬侵害名誉权案，河南新乡中院（1999）新民终字第248号。

先予执行将严重影响申请人的生活或者生产经营的；（二）被申请人有履行能力。”《最高人民法院关于适用《中华人民共和国民事诉讼法》的解释》第169条规定，“民事诉讼法规定的先予执行，人民法院应当在受理案件后终审判决作出前采取。先予执行应当限于当事人诉讼请求的范围，并以当事人的生活、生产经营的急需为限。”

依据上述规定，先予执行要求“严重影响申请人的生活或者生产经营”，这与德国法对履行性假处分的要件要求类似，极大的限制了先予执行的适用空间。与此相反，英国、法国和荷兰对于提前履行的临时措施给予了更大的适用范围，一般仅要求债权债务关系相对明确，并存在紧急需求即可，而并不要求申请人必须证明自身因对方不支付而陷入经济危机。

基于保护环境侵权受害者权益的需要，应借鉴英国、法国和荷兰的做法，适当放宽环境侵权案件中先予执行的条件，即仅须满足“权利义务明确”和“存在紧急需求”的条件，不再要求“严重影响申请人的生活或者生产经营”等严苛要件。金钱给付也不应限于目前法律列举的赡养费、扶养费、抚育费、抚恤金、医疗费用、劳动报酬，也应当包括施工款项、物业款、侵权损害赔偿金等其他金钱款项。

第四节 行为保全的规范

“行为保全是指法院在诉讼前或诉讼中，为避免损失的发生或扩大，根据一方当事人申请责令另一方当事人为一定行为或不为一定行为的民事强制措施。”① 对于环境侵权诉讼中的行为保全，目前并无相关规定，笔者认为，应当从行为保全的申请情形、担保、管辖、听证程序等方面予以规范。

① 陈莹：“我国行为保全制度的构建”，载《厦门大学法律评论》2006年第6期。

一、行为保全措施申请的情形

《最高人民法院关于审理环境侵权责任纠纷案件适用法律若干问题的解释》第12条规定："被申请人具有环境保护法第六十三条规定情形之一，当事人或者利害关系人根据民事诉讼法第一百条或者第一百零一条规定申请保全的，人民法院可以裁定责令被申请人立即停止侵害行为或者采取污染防治措施。"结合《环境保护法》第63条的规定，环境侵权行为的四种情形包括：（一）建设项目未依法进行环境影响评价，被责令停止建设，拒不执行的；（二）违反法律规定，未取得排污许可证排放污染物，被责令停止排污，拒不执行的；（三）通过暗管、渗井、渗坑、灌注或者篡改、伪造监测数据，或者不正常运行防治污染设施等逃避监管的方式违法排放污染物的；（四）生产、使用国家明令禁止生产、使用的农药，被责令改正，拒不改正的。

可见，最高人民法院的相关司法解释通过列举式对环境侵权中行为保全制度进行了限制性的规定。但随着环境保护相关法律制度的完善，环境保护审判实践不断积累和沉淀，有必要借鉴昆明法院在《关于办理环境民事公益诉讼案件若干问题的意见（试行）》中对公益诉讼申请禁令的条件的相关规定，给予环境侵权责任纠纷中行为保全制度更大的适用空间。该意见规定，只要符合"情况紧急"，当事人可以申请诉前禁令，具备如下条件可以视为"情况紧急"：（1）被告的行为可能严重危及环境安全的；（2）被告的行为可能造成环境难以恢复的；（3）被告的行为加重对环境破坏的。

二、行为保全申请的担保

根据《民事诉讼法》第100条、第101条的规定，诉讼行为保全"可以"责令申请人提供担保，诉前行为保全应当提供担保。《最高人民法院关于适用〈中华人民共和国民事诉讼法〉的解释》第152条规定："人民法院依照民事诉讼法第一百条、第一百零一条规定，在采取诉前保全、诉讼保全措施时，责令利害关系人或者当事人提供担保的，应当书面通知。利害关系人申请诉前保全的，应当提供担保。申请诉前财产保全的，应当提供相当于请求保全数额的担保；情况特殊的，人民法院可以酌情处理。申请诉前行为保全的，担保的数额由人民法院根据案件的具体情况决定。在诉讼中，人民法院依申请或者依职权采取保全措施的，应当根据案件的具体情况，决定当事人是否应当提供担保以及担保的数额。”日本法律规定，“损害公共利益的假处分案件申请人不需提供担保。”① 美国法律规定，对于申请人提出的行为保全申请，如果申请人经济窘迫或者申请人为公共利益而申请保全的，法院往往不要求申请人提供保证金，或者仅要求其象征性地提供极小额的保证金。美国著名法理学家博登海默曾经说过：“真正伟大的法律制度是这样一些法律法制，他们的特征是将僵硬性与灵活性予以某种具体的反论的结合。”②

在环境侵权案件中，可以参照日本和美国的做法，对于诉讼行为保全，一律免除担保责任，对于诉前行为保全，进行个案的区分和裁量，适当减轻或者免除担保责任。对于需要提供担保的情形，可以建议申请人购买保证保险的方式，分散诉讼成本。

三、环境侵权行为保全的专属管辖

1984 年 11 月 4 日，最高人民法院《关于设立海事法院几个问题的决定》规定，“船舶排放有害物质和海上作业措施不当，造成水域污染的损害赔偿案件”由海事法院专属管辖。1989 年 5 月 13 日，最高人民法院《关于海事法院收案范围的规定》明确，“船舶排放、泄漏有害物质或者污水，造成水域污染或者其他船及货物损害的损害赔偿案件”由海事法院专门管辖。2001 年 8 月 9 日，最高人民法院颁布《关于海事法院受理案件范围的若干规定》强调，“船舶排放、泄漏、倾倒油类、污水或者其

---

① 全国人大常委会法工委民法室编：《〈中华人民共和国民事诉讼法〉条文说明、立法理由及相关规定》，北京大学出版社 2012 年版，第 161 页。

② ［美］E·博登海默：《法理学——法哲学及其方法》，邓正来等译，中国政法大学出版社 2004 年版，第 464 页。

他有害物质，造成水域污染或者他船、货物及其他财产损失的损害赔偿纠纷案件”和“海上或者通海水域的航运、生产、作业或者船舶建造、修理、拆解或者港口作业、建设，造成水域污染、滩涂污染或者他船、货物及其他财产损失的损害赔偿纠纷案件”由海事法院专门管辖。《最高人民法院关于适用〈中华人民共和国民事诉讼法〉的解释》第 285 条第 2 款确定了水域污染公益诉讼案件专属管辖，“因污染海洋环境提起的公益诉讼，由污染发生地、损害结果地或者采取预防污染措施地海事法院管辖。”2016 年 2 月 24 日，最高人民法院公布的《关于海事法院受理案件范围的规定》在吸收上述规定的基础上，进一步明确“污染海洋环境，破坏海洋生态责任纠纷案件”和“污染通海可航水域环境、破坏通海可航水域生态责任纠纷案件”由海事法院专门管辖。上述规定既考虑到水污染案件的固有属性，也考虑到水污染案件在管辖和审理过程中可能存在的多方面的困难，是海事法院对发生在水域环境侵权案件依法行使专属管辖权的法律依据。作为诉讼前或者诉讼中的一项保全措施，环境侵权公益诉讼行为保全措施也理应由海事法院专属管辖。

四、诉讼行为保全听证前置

世界上多数国家对行为保全进行审查时，都是根据案件的具体情况，采取书面审理程序或者对席辩论审理程序，以当事人提供的书面申请为依据来进行审查。德国《民事诉讼法》规定，申请人的申请符合实施假处分认定条件的，法院经申请人申请，可以传唤对方当事人就是否实施假处分进行辩论。《日本保全法》规定，对于申请人提出的假处分申请，法院可以根据书面审理作出决定，通常只对债权人进行审问，不对债务人进行审问。但在确定临时状态的假处分时，原则上通知债务人到场审问或是进行一次性口头辩论。在美国法中，对于行为保全，也要求事先通知被申请人。“在预备性禁令中则必须事先通知，即事先通知是一般，事先不通知是例外。”①

2012 年《民事诉讼法》没有对行为保全审查过程中是否需要通知做出明确规定。在财产保全中，考虑到被申请人可能会转移财产，致使保全措施落空，在采取保全措施之前，不会通知被申请人，被申请人的权利可以通过复议的方式得到保障。在环境侵权诉讼行为保全中，鉴于法律对行为保全申请条件的苛刻要求，以及行为保全措施对被申请人产生的直接性影响，即行为保全措施实施后，被申请人立即面临着停止建设、停止排污、停止生产等情形，对于被申请人产生不可避免的损失。有必要在行为保全中设立听证前置程序。法院受理行为保全申请后，应当通知申请人、被申请人，经过庭审听证调查后，符合申请条件的，才能做出裁决。听证过程中，可以通知人民检察院参与监督，要求县级以上人民政府环境保护主管部门或者其他有关部门参与听证，并就是否符合申请条件做出书面意见。听证前置程序的设立可以有效防止行为保全错误的发生。

第五节 完善调查令制度

调查令是指在民事诉讼活动中，当事人因客观原因无法收集证据时，向人民法院提出申请，经人民法院批准后，由法院签发给当事人直接向相关单位和个人收集证据的法律文件。民事诉讼中建立调查令制度意义主要体现在两个方面：一是有利于法院在实质上和程序上保持中立性，实现实体公正；二是有利于实现司法效率的最大化。

结合环境侵权司法特点，在遵循司法规律的前提下，有必要对调查令制度进一步完善。

一、调查令的实施程序

（一）申请人申请。当事人或者特别授权的代理律师可以作为申请人

① 杨静：《行为保全制度研究》，中国人民大学 2005 年硕士学位论文。

向法院申请调查令，申请调查令必须提交书面申请。书面申请内容包括：申请人身份信息、被调查者身份信息、被调查证据内容、被调查证据内容与案件的关联性等。涉及国家机密、个人隐私、商业秘密的证据不适用调查令。

（二）法院审核。申请人向法院提出调查令申请之后，法院应当对申请人的申请进行审查，决定是否签发调查令。审查的范围包括申请人是否适格、申请内容是否明确、申请是否在举证期限内、所申请调查的证据是否适用调查令的范围等进行审查。审查后认为符合调查令签发条件的，应当及时签发调查令。审查认为不予签发调查令的，应当将结果及时告知申请人。

（三）律师调取。调查令签发后，应当由特别授权的代理律师持有并向被调查者收集证据。律师调取证据过程必须符合法律规定，调查内容不能超过调查令记载的范围。调查完毕后，律师应当将调取的证据提交调查令签发法院。律师持调查令非法获取的证据，法院不予采信。

二、调查令的效力

（一）时间效力。根据《民事诉讼法》的规定，当事人提交证据需在举证期限内，若怠于履行举证义务，将承担举证不能的后果。故调查令应当在举证期限内签发，调查令的效力也仅仅限于举证期限内，举证期限届满后，调查令即失去效力。

（二）对被调查者的效力。调查令是法院签发的法律文书，被调查者必须配合律师调取调查令记载的内容，拒不配合将承担相应的法律责任。被调查者可以对调查令的效力提出异议，如被调查者并未持有调查令记载的证据等。

（三）所调取证据的效力。律师依据调查令所调取的证据，只能作为申请调查令一方当事人为证明自己的主张而提供的证据，该证据和法院依申请调查的证据一样，必须经过当事人双方的质证和法院的认证，才能作为认定案件事实的依据。

第四章　环境侵权受害者权益司法保护的特别责任形式

侵权责任的形式及分配直接关乎受害者权益能否得到有力保障。本章通过多角度剖析企业破产程序各阶段环境侵权责任的承担，区分责任轻重，提出在环境侵权受害者保护中，要注重预防、恢复等多种责任形式并重。在现有法律保护框架下比对各种责任形式之不足及应对，为环境侵权的立法、司法提供了有益参考。同时，对打破民事领域的责任限制作了必要说明，完整呈现了环境侵权责任的形式、责任分配和侵权受害者权益保护的出路。

第一节　企业破产后环境侵权责任的承担

在环境侵权诉讼中，企业破产对环境侵权受害人的影响无疑最为巨大，主要涉及诉讼主体资格、财产承担与分配。

一、企业破产后责任的承继主体

破产是指对丧失清偿能力的债务人，经法院审理，强制清算全部财产、公平、有序地清偿全体债权人的法律制度。如果说自然人的生命终结于死亡，那么企业法人的“生命”则终于其破产。在企业破产之后，其在经营之时发生的环境侵权责任应当由谁承担，笔者认为应当针对不同情形，区别对待。

（一）破产清算未完成时

企业破产程序未完成时，企业法人尚未“死亡”，其主体资格尚未丧失。当发生环境侵权且需要承担责任之时，企业应当可以作为承担侵权责任的主体。与侵权相关的事项处理应由破产管理人完成，发生的损害赔偿应当计入企业的破产债权之中。

（二）当破产清算完成时

当破产清算完成时，企业法人已经“死亡”，其主体资格已经丧失，很显然无法再作为承担赔偿责任的主体。但是，企业曾经的股东可能依然存在。那么原企业的股东是否可以成为责任承担的主体呢？众所周知，有限责任公司其基本特征就是公司股东以其认缴的出资额或认购的股份为限对公司承担责任。如果企业破产后，股东仍需对企业的侵权行为承担责任，很显然有违公司法有限责任的原则。那么是否任何情况下，原股东都不需要对破产企业的侵权行为承担责任？我们认为应当视具体情况而定。

1. 公司破产后，发现股东出资不到位

公司注册资本是公司成立的最低资本限制，是法人成立的必备条件，也是股东承担有限责任的基础。足额缴纳注册资本，不抽逃注册资本是股东的基本义务。如果公司破产后发现原股东有出资不到位及抽逃注册资本的情形，其股东应当不能以股东承担有限责任为由拒绝承担责任。股东应当在其未缴足的资本数额范围内继续承担侵权责任。

2. 否认公司人格的情形

如果破产公司在经营过程中，存在于股东人员、业务、财务等的高度混同，导致各自财产无法区分，有逃避债务的行为严重损害债权人的利益，即存在可以否认公司人格的情形，其股东应当作为承担破产公司经营过程中产生的侵权责任的主体。因为公司人格独立，是股东承担有限责任的前提，若公司人格被否认，则股东要求承担有限责任便失去了基础，公司破产后，股东不能以承担有限责任为由拒绝原公司因环境侵权而需要承担的责任，谓之“破除有限责任”。

3. 美国法的借鉴

鉴于环境侵权的特殊性，美国公司法存在一个特别的公司主体保留的规定，其大意为：公司在破产之后，其主体还将存续一定时间。在这个特定时间里，公众可因公司存续期间产生的责任来起诉公司。该制度对于受到环境侵权损害的受害人的保护，肯定会存在一定的效果。但是对于规范公司行为，对公司经营者进行震慑、警示，笔者认为其效果值得怀疑，原因如下：首先，该制度并未打破公司有限责任制之一基本原则。对环境侵权损害受害者的赔偿依然限定于破产财产之内。原破产公司及其股东的责任并未增加。其次，使用这一制度，在公司破产时必须分割部分财产作为未来可能发生侵权赔偿的财产。由此，很可能损害到了其他破产债权人的利益。受到环境侵权损害的债权人的利益是否应当优先于其他债权人进行保护，则有待商榷。

二、企业破产后承担环境侵权责任的财产与分配

企业破产后承担环境侵权的责任另一个核心问题便是确认环境侵权债权在破产中的财产分配顺序。

企业破产制度的核心便是破产财产的分配。管理人确认破产财产，确认债权，最终是为了实现破产财产的合理分配。债权人、管理人及债务人及其他利害关系人的目光都汇聚在破产财产的最终分配上。理论上一般认为，破产财产的分配是指由管理人把变卖财产所得的金钱按照破产债权的偿还顺序，对应其金额，而对各相关债权人所进行的清偿过程[①]。按照破产财产分配的不同阶段进行划分，破产分配可以被分为中间分配和最终分配。破产分配是一个持续性的过程，破产财产最终分配的完成时整个破产程序的终结。从破产制度的实际价值来看，是债权人合法利益的最终实现。破产财产的清偿顺序的确立，主要遵循如下原则：

1. 顺位法定原则

破产财产的分配顺序，直接关乎债权实现可能性的大小。因此，无论何种罚息，在破产法中有关破产的清偿顺序，都采用明确规定的方式

① 王艳梅、孙璐：《破产法》，中山大学出版社 2005 年版，第 165、167 页。

进行限制。如大陆法中比较有代表性的日本法，其规定财团债权优先于破产债权，破产债权又被分割成优先破产债权、一般破产债权以及劣后的破产债权。同一顺位应当按照债权的数额，按照比例清偿。[①] 普通法系中的美国法规定的债务顺序为：有固定资产做为担保的债权人；公益债务；优先债权人；有浮动资产担保的债权人；普通债权人；延期债权人；股份持有人的资本收益。[②] 同样，我国《企业破产法》第 113 条也对清偿顺序做出了规定。

2. 平等清偿原则

平等清偿原则，其主要含义为同一顺位债权人应当获得平等的清偿额，即按照债权的比例进行清偿。[③] 在各国破产法的立法中，均将平等原则作为确定破产债权清偿顺序的主要原则。

仍然以日本法为例，日本破产法的第 40 条确立了同一顺位债权按照债权比例清偿这一原则。[④] 美国破产法也规定同一顺位上的债权人按照债权比例进行清偿。从上述法律规定可以看出，各国基本确立了同一顺位按债权比例受偿的基本原则，而且这与我国民法债权平等原则的要求也一致。

3. 偏颇性受偿原则

"公平是破产程序应当实现的最为重要的价值目标，同时也是破产程序应当贯穿的基本原则。"[⑤] 如果每个债权人都按照债权比例进行清偿，这体现的是一种表面上的公平。但是考虑到道德风险以及不同债权人之间、不同债权之间的区别带来的不公平，避免对整个社会信用制度运行带来影响。确定破产财产的清偿顺序时，除了考虑表面上的公平，更应注重实质上的公平，即不同类型的债权应该有不同的清偿顺序，使个别

① ［日］石川明：《日本倒产法》，何勤华，周桂秋译，中国法制出版社 2000 年版，第 159 ~ 171 页。

② ［美］斯蒂芬·加奇：《商法》（第二版），屈广清、陈小云译，中国政法大学出版社 2004 年版，第 667 页。

③ 付翠英编著：《破产法比较研究》，中国人民公安大学出版社 2004 年版，第 362 页。

④ 潘琪：《美国破产法》，法律出版社 1999 年版，第 138 页。

⑤ 参加［日］伊藤真：《破产法》，刘荣军、鲍荣振译，中国社会科学出版社 1995 年版，第 7 页。

债权人优先得到清偿。而这便是被称为偏颇性清偿或优惠行为，这同样是破产法的焦点问题。[①]

4. 环境侵权责任债权清偿顺位

从现有的立法来看，因环境侵权而产生的债权不会有物的担保，也不属于公益债务，同样其肯定也不是职工工资、福利等，更不可能是税款。所以其只能列入普通债权之中。即其清偿顺序应当与普通债权相同。

但是依据偏颇性受偿原则，考虑到环境侵权的特殊性，笔者认为应当依照不同情况修改破产法的受偿顺序。环境侵权，依据被侵害的对象不同，可以分为人身、个人财产及自然环境。笔者认为，当环境侵权中被侵害的对象为人身时，其受偿顺序应当与《企业破产法》113 条中规定的企业职工工资、福利等处于同一顺位。当被侵害的对象为自然环境时，应当与企业所欠国家税费为同一顺位。当被侵害的对象为个人财产时，其应当归于普通债权中。

第二节 赔偿、预防、恢复等多种责任形式并重

侵权责任方式，是指法律规定的侵权行为人为其侵权行为应当承担的责任形式的具体形式和类别，从我国目前的法律体系看，具体有《民法通则》《环境保护法》《侵权责任法》《物权法》以及《刑法》。就学理而言，对于正遭受侵害危险或已被侵害的环境利益，具体可分为预防性责任方式、恢复环境的补救性责任方式和赔偿性责任方式。

一、预防性责任方式

（一）预防性责任

预防性责任方式，是指在环境侵权行为导致环境遭受不利益的风险时，法律规定侵权人应当采取的排除此类危险的责任形式。《民法通则》

① Rober Weisberg, Commercial Morality, *the Merchant Character and the History of the Voidable Preference.* (1986) 39 Stanford Law Review. p. 3

和《侵权责任法》均规定了预防性责任方式，主要包括停止侵害、排除妨碍、消除危险。停止侵害是侵权人已经实施了环境侵权行为，受害人请求司法机关责令行为人立即不实施该行为，以维护其环境权益。停止侵害的主要功能在于防止侵害结果的扩大，其前提是侵权行为已经发生或正在持续。如某营业城彻夜使用多色强灯光，影响行人夜间视距及周遭居民休息环境，受害人即有权请求侵害人停止侵害。关于排除妨碍和消除危险，典型的情形是工业用水、废气的排放和随意堆置固体废弃物对环境的侵害。

（二）受害人如何通过预防性责任方式维权

在重庆市忠县人民法院（2006）忠民初字第1045号原告龚长玖等村民要求被告申祥停止侵害、排除妨碍纠纷一案中，被告申祥向其承包的水体投放化肥导致村民的正常饮水受到影响。法院认定：水属于影响人类生存和发展的自然因素之一，也是环境的有机组成部分。对水库的承包经营必须遵守环境保护的法律规定，不得污染及破坏环境，故本案的法律关系应为环境侵权损害纠纷。天仙桥水库系丰收场及附近居民的饮用水源，被告在承包经营该水库期中，向水库中投放化肥等进行肥水养鱼，违反了有关环境保护的法律法规，污染了水库水体，侵害了原告等村民合法享有的水资源使用权。特别是今年当地遭受了几十年不遇的特大干旱，本就饮水匮乏，被告污染水库水体的行为，更加导致原告等人饮水困难，严重影响原告等人的生产生活，被告对此应承担相应的民事责任。故对原告请求被告立即停止侵害、排除妨碍的诉讼请求，予以支持。法院判令被告申祥立即停止侵害，不得向忠县官坝镇丰收天仙桥水库以投放肥料等可能污染水体的方式从事养殖①。

本案是极为常见的水体污染造成环境损害案件，经环保部门的调查确定了污染水源的侵权人为被告，被告投放化肥污染水源导致水库水体遭受损害，影响了原告等人的饮水利益，作为承载了公共水使用利益的

① 重庆市忠县人民法院（2006）忠民初字第1045号民事判决书。

水库遭受此侵害，法院判令被告停止侵害、排除妨碍即为对预防性责任的实践运用。事实上，与其他责任形式相比，预防性责任往往显得较为“软”，其对侵害人的制约作用不及赔偿损失或进行行政处罚等补救性责任形式严厉，但预防性责任的意义就在于将危害止于最初和最小状态，而恢复环境和环境受害者利益的保护则需要通过更为繁杂的诉讼程序和更为严格的举证责任方能实现，此类成本是环境和受害人均难以承担的。因为生态环境一旦破坏，对受害人的影响将是持久性的、深刻的，如果能够在发现之时适用此种责任形式，将使环境侵权止于萌芽，环境改善的社会效益是无形且巨大的。

二、恢复环境的补救性责任方式

恢复环境的补救性责任方式是指环境在已经遭受侵害的情况下，受害人可通过请求侵害人承担恢复原状或者赔偿损失的方式实现对自身权益的救济。各国通行的法律主要以规定补救性责任为主，通过补救性的恢复原状或赔偿损失的方式使环境损害如同未曾发生。恢复原状的责任方式在我国的《民法通则》中被列为民事责任方式的一种，而在我国的环境单行立法中则首见于《固体废物污染环境防治法》，该法第 85 条规定：“造成固体废物污染环境的，应当排除危害，依法赔偿损失，并采取措施恢复环境原状。”在环境侵权领域，在受害人关于恢复原状的请求中，应当预期考量两个问题：已受损害的环境有恢复的可能及此种恢复是否符合经济两个条件。如果环境被损害无法恢复，则该责任形式不能被适用。此外，若恢复环境的成本已经超出了再造该类环境的成本或远远超出其赔偿价值时，适用恢复原状亦难得实现。

三、赔偿损失在受害人救济中的运用、困境及解决方式

赔偿损失指的是受害人向侵害人主张金钱以弥补因侵权造成的不利益。赔偿损失无论在一般侵权领域还是在环境侵权领域，是事实运用最为普遍的救济方式。在环境侵权受害者可寻求的救济方式中，赔偿损失

无疑也是最为重要的一种途径。但是，在目前的法律体系中，环境侵权受害者请求赔偿损失面临以下困境：

1. 赔偿范围难以确定

一般侵权行为造成的侵害结果较为单一，确定赔偿的范围并不复杂。而环境侵权因其侵害行为难以确定如侵害行为被发现或可被认定为侵害的起始时间较难认定、作用形式较为隐蔽、侵害对象为人和其他生物、人类生存的自然环境和生活环境等多层次、多元化的复杂客体，因而确定赔偿范围十分困难，这也是导致侵权责任法难以对受害者给予完全保护的重要原因，故而目前的侵权责任法就个人权利进行了规制，重点对人身损害和财产损害进行了规定，但对同样持续影响受害人的生态环境权益并未给予关注，这是不足的。事实上环境损害的赔偿范围不仅应当包括财产损害和人身损害，还应当涵盖精神损害、生态环境的损害。就现行法而言，《民法通则》第 124 条规定："违反国家保护环境防止污染的规定，污染环境造成他人损害的，应当依法承担民事责任。"《环境保护法》第 64 条规定："因污染环境和破坏生态造成损害的，应当依照《中华人民共和国侵权责任法》的有关规定承担侵权责任。"《侵权责任法》第 65 条规定："因环境污染造成损害的，污染者应当承担侵权责任"。但这些规定都较为原则，对赔偿的范围，司法实践中还是多采用侵权责任法关于环境污染责任一章的规定。现有的有关环境立法规定的人身损害和财产损害的范畴包括：因侵权造成的直接财产损失；因侵权造成的人身伤亡及由此产生的医疗、护理、营养、交通、误工、丧葬、死亡赔偿金、被抚养人生活费用；由环境侵权引起的调查费用、评估、鉴定费用；此外，受害人为主张权利而支出的必要费用，精神损害赔偿金等。

2. 赔偿数额难以认定

在一般侵权的情况下，《侵权责任法》第二章关于责任构成和责任方式的适用一般就能够满足受害者的补偿需求。但是，环境侵权的赔偿数额一直以来都难以有一个共同的标准。如对环境污染损害的计算，一般采用的是由相关环保部门对损害赔偿的后果进行评估，然后进行简单相加得出加害人的应赔数额。采用此类方式的原因是我国并没有一个类似于海事海商领域中中国检验认证集团的统一官方检验机构，从而导致出现不同部门作出的评估结果并不一致，人民法院作为司法机关也缺乏足够的专业知识进行环境损害及影响的评估，最终导致损害结果认定的不统一。

现有不规范、不统一的调查和评估已经严重损害了司法公信力，妨碍了环境侵权受害者权益的保护。而司法机关仅凭一己之力又难以单独成立或者进行环境损害影响评估，因此单纯从司法机关的角度难以解决问题，有必要由环保部门牵头成立独立于该组织的全国范围的环境损害评估机构，在三人以下起诉环境侵权的情况下，人民法院在举证中应当释明其有权向该评估机构申请作出相关的评估结果，以增强客观较为弱势的环境侵权受害者个人。同时，在发生较大范围的环境侵权事实时，该机构承担调查和评估义务，此类义务旨在为政府的决策提供参考，同时，在三人或三人以上或由机构提起的环境侵权诉讼中，尤其是以环保组织和环保部门进行的公益诉讼时，可直接申请人民法院调取该调查和评估报告。可有效消除环境侵权领域在司法上的举证责任困境。

四、不承担责任和减轻责任的情形

在考察侵权不承担责任和减轻责任的情形前，首先应当明确的是环境侵权以无过错侵权为原则。在现行法律体系中，《民法通则》和《侵权责任法》主要就环境侵权的免责事由和减轻责任的事由进行了规定，其他法律也有相应的规定，但不如前两部法律成体系。在现代侵权责任法中，从“侵权行为”到“侵权责任”，打破了既有的解释框架，是现代民法的“碎片化”的一个体现。[①]

一是受害人故意免责。《侵权责任法》第27条规定：“损害是因受害人故意造成的，行为人不承担责任。”所谓故意是指行为人明知自己的

① 侯佳儒：“近代民法的现代性危机及其后现代转向——兼论当代民法使命”，载《中国政法大学学报》2009年第2期。

行为会发生一定后果，并希望或放任该结果发生。一般而言，受害人故意是作为免责事由的。

二是不可抗力免责。不可抗力主要是指不能预见、不能避免并不能克服的情况。若侵害人的侵害系因不可抗力造成他人损害的，则可推定侵害人的行为与结果之间不存在因果关系，在行为人并无任何过错且对结果无法预见和控制的情形下，要求对侵害结果承担责任，则对侵害人而言是不公平的，因而，各国侵权责任法均将不可抗力作为免责事由之一。但法律也做了例外规定，因为环境侵权的特殊性，侵权人在遭受前述不可抗力和受害人故意的前提下，其仍负有防止损失扩大的减损义务，若其未尽此义务，则可能须为此扩大部分的损失承担责任。因而，不承担责任并非绝对。

三是减轻责任的情形。此部分较为复杂，既包括了受害人的过失，又包括了第三人过错情形下的责任理论，还包含国家机关过失。减轻责任的情形主要体现在侵权责任中的过失相抵，所谓过失相抵，指的是当受害人对于损害的发生或者损害结果的扩大具有过错时，依法减轻或者免除赔偿义务人的损害赔偿责任，从而公平合理地分配损害的一种制度。[①] 现代侵权法关于过失相抵原则一般源于公平观念和责任自负原则，及任何人对自己的故意或过失产生的损害不得转嫁于他人。在现行法中，过失相抵的民事基本法依据是《民法通则》的第131条，该条规定，“受害人对损害的发生也有过错的，可以减轻侵害人的民事责任。”《侵权责任法》第26条规定：“被侵权人对损害的发生也有过错的，可以减轻侵权人的责任。”《水污染防治法》第85条第2款规定：“水污染损害是由受害人故意造成的，可以减轻排污方的赔偿责任。但是这一观点在理论界存在的争议，理由是过失相抵的基础是过错责任原则，而特殊侵权领域，适用无过错责任原则。我们认为，在特殊侵权领域内适用过失相抵原则并不妨碍其以无过错责任为原则的框架。

① 史尚宽：《债法总论》，中国政法大学出版社2000年版，第303页。

关于第三人过错对损害结果的发生或者扩大有过失时，侵权责任法和司法解释均未作出明确的规定。在第三人过错的情形下，可从“外来原因”的角度抗辩受害人故意或者过失，即若存在第三人过错导致损害结果加重，则此种损害结果的形成原因系由受害人与侵害人意外的第三人造成，此种外来因素不影响本身已经形成的侵权责任承担。

关于国家机关的过失。《海洋环境保护法》第 92 条第 3 款规定，负责灯塔或者其他助航设备的主管部门，在执行职责时的疏忽，或者其他过失行为的，经过及时采取合理措施，仍然不能避免对海洋环境造成污染损害的，造成污染损害的有关责任者免于承担责任。

第三节　增加惩罚性赔偿规定，加大对受害者的保护

一、惩罚性赔偿的含义及立法现状

惩罚性赔偿，是侵害人对其造成的侵权行为付出超过实际损失金额的金钱赔偿，具有补偿和惩罚的复合功能。惩罚性赔偿作为一种公法意义上的责任，在不同国家和法系的适用并不相同，原因是大陆法系一般较为注重区分公法和私法，而私法不具有补偿性，若在私法领域全面引入惩罚性赔偿，看似将违背公法和私法划分的基本原则。但是，英美法系则并不采用此种分类，所以英美法系国家，惩罚性赔偿的适用还是占有一定比例的。目前的立法状况是惩罚性赔偿被严格限定于产品责任领域，《消费者权益保护法》第 55 条规定，经营者提供商品或者服务有欺诈行为的，应当按照消费者的要求增加赔偿其受到的损失，增加赔偿的金额为消费者购买商品的价款或者接受服务的费用的三倍……《最高人民法院关于审理商品房买卖合同纠纷案件适用法律若干问题的解释》第 9 条也规定了出卖人订立商品房买卖合同时，导致合同无效或者被撤销、解除的，买受人可以请求返还已付购房款及利息、赔偿损失，并可以请求出卖人承担不超过已付购房款一倍的赔偿责任。

但是，由于环境侵权的侵害结果往往跨越民事法律和行政法律，在现有环境侵权人对环境的注意程度较低、受害者保护体系不完整的现实状况下，惩罚性赔偿可作为环境侵权领域的一种补充的赔偿方式进行规定。

二、惩罚性赔偿的适用条件

惩罚性赔偿在环境侵权领域是利益衡量的结果，其适用应当具备以下条件：

一是侵权人具有故意和重大过失。虽然环境侵权采用的归则原则是无过错责任，从主观方面难以判定侵权人存在故意和过失或者两者均不具备，但是在适用惩罚性赔偿时可从客观方面进行考量，即侵权人的侵权行为若违反法律和行政法规的强制性规定，则可视为侵权人具有过错。

二是适用惩罚性赔偿必须是造成了严重的损害后果。严重的损害后果不仅包括重大的人身伤亡和财产损失，还包括对人类所生存的环境的严重侵害。人身伤亡的具体计算标准可以参照国家有关关于重大责任事故的人数规定，财产损害和生态损害严重程度的确定则应当避免以各地的经济状况不同而具体适用不同，鉴于公民环境权的平等性，要确定全国的统一标准。

三是惩罚性赔偿的金额确定。需要考量侵权人的过错程度、侵权人因侵权获得利益的一定比例、侵害行为的发生频率和当地的平均生活水平等因素予以综合考量。

三、惩罚性赔偿基金的运转

实施惩罚性赔偿的方式有很多，但前提是赔偿金有正当程序的支撑，将惩罚性赔偿纳入基金运作是解决惩罚性赔偿难的重要举措。基于惩罚性赔偿已经突破传统私法关于赔偿不得超过损害的原则，其已具备不同于私法领域的公共性，故对其分配也应当体现此宗旨。对于惩罚性赔偿获得的赔偿金，既可以设置与一般赔偿金共同管理和分配的共同基金，也可设置独立的专门的环境侵权损害惩罚性赔偿基金，并且此种设立是一次性的。分配比例可按照如下方式进行：以该笔赔偿基金的百分之四十作为赔偿环境侵权受害人的赔偿金进行补偿，其中的百分之二十五作为基金设立时可确定的受害人所分享，百分之十五作为潜在的受侵害人主张已确定的权利时可获得，百分之六十为环境修复费用。在确定环境侵权人应当承担惩罚性赔偿义务后，该笔赔偿金额转入惩罚性赔偿基金，并设置主张年限10年和使用年限如20年，从侵害行为发生之日起15年内该赔款必须分配并使用完毕，非环境修复费用比例的资金未用尽，自动转入环境修复费用。从受害人角度，若在此期限内受害人凭借生效裁判文书主张分配该惩罚性赔款，可一定程度上弥补其受到的实际侵害，若其未在主张年限内主张权利，视为对该项赔款主张权利的放弃。从侵害人承担的保护环境的义务和政府承担公共职能的而言，百分之六十的环境修复费用亦为必须。

我国司法实务中已有涉及环境公益基金的判例。例如，常州市环境公益协会诉储卫清、常州博世尔物资再生利用有限公司等土壤污染民事公益诉讼案中，江苏省常州市中级人民法院一审判决五被告向江苏省常州市生态环境法律保护公益金专用账户支付环境修复赔偿金283万元，该判决生效后，一审法院组织检察机关、环保部门、鉴定机构以及案件当事人共同商定第三方托管方案，通过市场化运作由第三方具体实施污染造成的生态环境治理和修复。[①] 关于赔偿资金使用问题，该案例中采用了审判法院组织，检察机关、环保部门、鉴定机构和案件当事人共同协商，第三方托管及具体实施的解决方案，在该解决方案中，司法机关和行政机关充分发挥主观能动性，相互协调实现法律效果和社会效果的有机统一，但同时也存在着客观确定性不足的因素。审判机关组织各方商定环境污染治理和修复方案的依据不明确，各方在此期间的职责不明晰。检察机关在该案例中，并未出庭支持原告的诉讼，对案件的了解和掌握不够，对环境污染治理也不具备专业性和知识和建议。市场化运作的治理和修复方案监

① 案例详见 http：//www. chinacourt. org/article/detail/2015/12/id/1777823. shtml，2016年4月16日访问。

督和追责机制如何确立以及形式，都需要不断探索。建议根据环境污染公益诉讼的目的，设立环境保护公益金专用账户管理委员会，由当地检察机关、环保部门、提起诉讼的社会组织和受影响的群众代表组成，由该委员会集中行使环境治理和修复的具体事宜，制定具体的环境治理和修复章程，切实保障落实，对外主张权利，接受社会公众的监督等。

第四节　环境责任形式的竞合与并行

对环境侵权受害者的保护，我国《民法通则》《侵权责任法》《环境保护法》等法律作了较多的规定，而学者多考察环境侵权受害者的民事救济途径。在特定情况下，环境侵权民事责任、刑事责任与行政责任可能同时存在或者产生竞合，三种责任的并行可以使侵权人和相关义务人受到行政法和刑法上的约束，可以大大增加环境侵权的成本，有效从源头上减少环境侵权行为。

一、环境行政责任与民事责任竞合与并行

环境行政责任是指环境行政法律关系的主体违反行政法律规范，应当承担相应的法律后果或义务。环境行政违法的主体包括行政管理主体、环境行政管理的受委托组织、行政管理的公务人员以及环境行政管理的相对方[①]。在环境行政责任中，侵权人承担责任的方式主要有警告、罚款、剥夺或限制某种能力如责令停止生产、关闭等，如《环境责任法》第 59 条规定："企业事业单位和其他生产经营者违法排放污染物，受到罚款处罚，被责令改正，拒不改正的，依法作出处罚决定的行政机关可以自责令改正之日的次日起，按照原处罚数额按日连续处罚。前款规定的罚款处罚，依照有关法律法规按照防治污染设施的运行成本、违法行为造成的直接损失或者违法所得等因素确定的规定执行。地方性法规可

---

① 张梓太：《环境责任法律研究》，商务印书馆 2005 年版，第 147 页。

以根据环境保护的实际需要，增加第一款规定的按日连续处罚的违法行为的种类。”《环境保护行政处罚办法》第 10 条也规定了罚款的处罚种类，从法律竞合的角度，侵权人的侵权行为在既触犯了行政法律法规的规定，又为民事法律关系所调整时，可能承担竞合责任。而在民事侵权范围外的行政责任，可以与民事责任并行。

二、环境刑事责任、环境行政责任、环境民事责任并行

环境刑事责任是对环境侵权受害人最严格的保护，这不仅是因为《刑法修正案（八）》取消了重大污染事故罪，将该罪名变更为污染环境罪，更是刑法和刑法修正案所规定的特定的污染环境的行为危害结果比一般的民事环境侵权要严重得多，已经损害到大多数人的生存利益，并且此种行为已经危害或威胁到社会赖以生存和发展的环境利益。这是环境侵权领域的一个重大进步。污染环境罪直接与《环境保护法》关于“造成重大环境污染事故，导致公私财产重大损失或者人身伤亡的严重后果的，对直接责任人员依法追究刑事责任”的规定相呼应。同时，“两高”也对环境污染的程度（包括严重污染环境、造成特别严重的后果）等做了界定。《最高人民法院、最高人民检察院关于办理环境污染刑事案件适用法律若干问题的解释》规定，如该解释第一条对严重污染环境做了详尽规定，在构成环境污染罪的情形下，不影响民事责任、行政责任的并行适用。

环境责任形式的多样化及其实现，确实能够为环境侵权受害者提供更多途径保障权益，但在环境利益、受害者利益和经济发展利益之间的衡量，在目前的中国乃至世界早已不单纯是法律层面的问题。转变经济发展模式，积极实践十八大以来提出的绿色、可持续发展政治理念，是保护环境侵权受害者保护的根本途径。

第五节　过错因素对环境侵权责任分担的影响

一般认为，环境侵权责任属于无过错责任，过错不是环境侵权责任

的构成要件，但这是否意味着过错对环境侵权责任不发生任何作用？对环境侵权诉讼实践中出现的受害人过错参与责任分担的司法裁判又该如何解释和规范？尽管《侵权责任法》第26、27条对过错减免事由作了一般性规定，但《侵权责任法》第八章未对“环境污染责任”中受害人过错作出前后呼应式的明确规定，导致在逻辑上《侵权责任法》第66条规定的受害人过错的一般援引条款为“法律规定的不承担责任或者减轻责任的情形”，而现行有效的法律，仅有《水污染防治法》第85条第2、3款作出明确规定：“水污染损害是由受害人故意造成的，排污方不承担赔偿责任。水污染损害是由受害人重大过失造成的，可以减轻排污方的赔偿责任。”《侵权责任法》对“医疗损害责任”“高度危险责任”“饲养动物损害责任”等特殊侵权行为责任中受害人过错进行特别规定，但在“起草过程中始终未能统一环境污染责任领域的抗辩事由体系，尤其是《环境保护法》未涉及受害人过错制度，实在遗憾。[①] 2015年6月1日发布的《最高人民法院关于审理环境侵权责任纠纷案件适用法律若干问题的解释》对环境侵权责任的减免事由、第三人过错责任承担作出了规定，但仍未对是否以及如何认定、适用过错参与环境侵权责任分担作出具体规定，不得不说是“遗珠之憾”。

一、受害人过错参与无过错责任分担的争议

（一）比较过错是过错责任分担的重要规则

比较过错是损害赔偿法的一项重要制度，又称“过失相抵”[②]，即通过比较受害人过错与加害人过错对损害发生或扩大所起的作用，从而在一定程度上减轻乃至免除加害人赔偿责任。比较过错基于民法上的诚信原则和公平原则，在诉讼法上，受害人过错是抗辩事由体系的重要组成部分。

① 王竹：“特殊侵权行为中受害人过错制度的适用研究——以《侵权责任法》第六章到第十章为中心”，载《河南财政政法大学学报》2012年第1期。

② 大陆法系侵权法中被称为“混合过错”“过失相抵”“过失相杀”“过失抵消”“与有过失”、在英美侵权法中被称为“参与过失”“比较过失”。参见李颖：《论侵权法上的比较过错制度——对受害人过错的重新审视》，中国政法大学2008年博士学位论文。

（二）比较过错是否适用于无过错责任的争议

比较过错是否适用于无过错责任（严格责任）的争议由来已久。英、法、德等国的判例或成文法中，除少数情形外，比较过错规则一般可适用于严格责任。[①] 美国、以色列、瑞典等国对严格责任中的比较过错抗辩所持态度相对保守。[②] 尽管学理上众说纷纭，但肯定说与否定说之争背后的实质仍然是价值选择的不同。肯定说主张比较过错体现的公平和诚信价值应具有一般性，不因责任形态的不同而有适用上的区别；否定说主张严格责任突破了传统侵权法，本身就具有特殊性，体现的是个案公平而非一般公平。

我国侵权法的主流学说认为，比较过错适用于无过错责任。[③]“当受害人的过错行为与加害人的行为共同导致损害的发生，或者因受害人的过错导致了已有损害的进一步扩大时，要求加害人就并非自己行为所导致的损害承担赔偿责任，不仅有违公平的法律精神，也不符合自己责任的基本原则。”[④] 关于受害人过错如何影响加害人无过错责任范围的问题，有学者提出所谓“风险比例规则”，即“以受害人及加害人对其危险源应负责的特定风险大小在全部应负责的风险中所占的比例来决定各自的

---

① 在英国，严格责任较为普遍的适用 1945 年的《法律改革（参与过失）法》（Law Reform Contributory Negligence Act 1945），受害人过错将导致减少损害赔偿额。在法国，除了涉及道路交通事故等特殊情形中比较过错被严格限制之外，受害人过错对损害结果发生有一定因果关系的，可以减轻被告的赔偿责任。在德国，1978 年《严格责任法》、1959 年《原子能法》、1952 年《道路交通法》等许多成文法中都包含着涉及比较过错的条款。参见 B. A. Koch/H. Koziol, Unification of Tort Law: Strict Liability , Kluwer International, 2002, 118。张民安：《现代法国侵权责任制度研究》，法律出版社 2003 年版，第 188 ~ 189 页。

② 美国《侵权法重述第二版》第 524 节（1）规定：原告的参与过失不构成进行异常危险活动的被告承担严格责任的抗辩事由。以色列在道路交通事故引起的人身伤害案件中完全取消了比较过错抗辩，瑞典也同样在人身伤害案件（无论严格责任还是过错责任）中限制比较过错规则的范围。参见肯尼斯·S. 亚伯拉罕阿尔伯特·C. 泰特选编，《美国侵权法重述——纲要》，石宏等译，法律出版社 2006 年版，第 155 ~ 156 页。W. H. van Boom, Israeli Report , Unification of Tort Law: Contributory Negligence, Kluwer Law International, 2004, 207。

③ 王利明：《侵权行为法归责原则研究》（修订版），中国政法大学 2004 年版，第 353 页；杨立新：《侵权法论》（上），人民法院出版社 2011 年版，第 343 ~ 344 页；张新宝：《中国侵权行为法》，中国社会科学出版社 1998 年版，第 612 页。

④ 程啸：“过失相抵与无过错责任”，载《法律科学（西北政法大学学报）》2014 年第 1 期。

负担份额。"[①] 这一规则看似合理的“以加害人与受害人过错而不合理提高的致害风险大小为参数”，但这一规则只是将受害人过错的影响与责任承担之间再设置一道“风险”比较环节，使过错所致损害转化为“风险提高率”比较，究其本质仍然脱离不了如何判定责任比例的问题，在司法实践中最终还是需要法官依据关联因素进行自由裁量。在这一学说下，对如何判断“风险”以及“风险”提高比率，在逻辑上更为抽象和繁琐，反而造成“不确定性”的叠加。

在传统侵权法领域，尽管对于比较过错适用于无过错责仍有质疑之声，[②] 但学界已趋于达成共识，《民法通则》第 131 条和《侵权责任法》第 26 条被认为是比较过错的有力明证。尽管法条中并未明确肯定比较过错可适用于无过错责任，但也并未明确排斥，既然法律条文中尚无禁止性规定，比较过错的可适用性亦不应无端施加法外限制。而当环境法遭遇侵权法，学界强调更多的是无过错责任、因果关系推定、举证责任倒置等环境侵权责任的特殊性，在一定程度上容易陷入“过于强调抽象的价值排序而忽略具体的利益衡量”的法理困境。[③] 鉴于环境侵权责任的特殊语境，比较过错的适用性问题更显突出，需要从司法实践出发去探寻答案。

二、受害人过错参与环境侵权责任分担的司法认定

（一）受害人过错形态的划分

当前，侵权法上对责任分担的理论与实践主要是采用过错、原因力综合比较说。[④] 一般侵权诉讼中，理论与实践中对责任份额的确定均采取

① 刘海安：“受害人过错对加害人无过错责任范围的影响——风险比例规则的提出与适用”，载《法学杂志》2011 年第 1 期。

② 无过错责任不考虑加害人的过错，这是无过错责任归责原则的本义。承担无过错责任的主体有损害就要赔偿，不存在比较过错或过失相抵的问题。“侵权责任法草案座谈会简报（一）”，载全国人大常委会法制工作委员会民法室编：《侵权责任法立法背景与观点全集》，法律出版社 2010 年版，第 129 页。

③ 张宝：“环境侵权诉讼中受害人举证义务研究——对《侵权责任法》第 66 条的解释”，载《政治与法律》2015 年第 2 期。

④ 杨立新、梁清：“客观与主观的变奏：原因力与过错——原因力主观化与过错客观化的演变及采纳综合比较说的必然性”，载《河南政法管理干部学院学报》2009 年第 2 期。

的是过错为主、原因力为辅的规则，在环境侵权诉讼的司法实践中逐渐形成的是原因力为主、过错为辅的规则。司法实践中，受害人过错参与环境侵权责任分担是普遍存在的裁判规范，即受害人过错可以作为减轻环境侵权人责任的因素。按照过错形态的划分标准，受害人过错可以分为主观过错与客观过错两类。受害人的主观过错是受害人故意的作为或者不作为而致损害后果的发生。

受害人的客观过错不需证明行为人主观是否存在故意，以一般善良人的合理注意义务作为衡量标准，从侵权行为、损害结果的发生来判断过错的存在。

（二）环境侵权诉讼中受害人过错的具体情形

环境侵权诉讼实践中常见的受害人过错有四种情形：

1. 受害人未采取合理措施防止环境侵权损害扩大。虽然我国并未明文规定侵权法上的受害人减损义务①，但司法实践中早已出现引入受害人减损义务划分环境侵权责任份额的案例。例如，郎溪县黎明化工有限公司与许继红环境污染责任纠纷中，“许继红在发现苗木受损后未采取相应措施防止损害的进一步扩大，对于超出部分损失，黎明化工公司不应承担赔偿责任。故一审法院酌情认定黎明化工公司对许继红苗圃苗木损失承担70%的赔偿责任”②。

2. 受害人未采取合理措施预防环境侵权损害发生。司法实践中适用这一理由的前提是受害人对环境侵权损害发生的可预见性，法院以受害人未及时采取合理措施预防环境损害发生为由认定受害人有过错并判定相应减轻侵权人责任。例如鄂民一终字（2012）第83号武汉金桥水产养殖有限公司与葛洲坝荆门水泥有限公司环境污染责任纠纷案中，二审法

---

① 侵权法上是否规定了受害人减损义务的问题仍有不同理解。《民法通则》第131条和《侵权责任法》第26条只规定了受害人对损害发生有过错的情形，对“损害发生”是否扩大解释为“损害扩大”存有争议。

② 类似案例还有（2012）岳中民三终字第318号蒋永清与岳阳市好吃香食品有限公司等水污染责任纠纷上诉案，二审法院认为“考虑蒋永清进行水产养殖必然要有一定的成本投入，蒋永清没有积极采取措施防止损失扩大，且在鱼全部死亡五个多月后才书面申请渔政部门处理死鱼事件，蒋永清亦未提供充分的成本投入及死鱼数量方面的证据，本院酌情确定蒋永清因本案死鱼事件造成损失70000元。”

院认为“金桥公司作为专门从事大鲵养殖并以此为经营行为的法人，其应具备大鲵繁育和经营风险防范的专业知识，可以预见荆门水泥公司排放粉尘、噪音、震动对大鲵繁育的风险。金桥公司在明知存在风险的情况下，仍然按期催产，其经营行为一定程度上也参与了风险的发生，最终导致出现催产率、受精率下降，畸形苗上升的情况。因此，金桥公司亦对大鲵繁殖损失有一定过错，故酌情认定荆门水泥公司对金桥公司2009年度大鲵养殖损失承担70%的责任，金桥公司自负30%责任；对2010年度损失承担40%的责任，金桥公司自负60%的责任。”[①] 这类因受害人预见能力瑕疵而被判定有过错的案例在司法实践中并不鲜见。

3. 受害人行为是造成环境侵权损害的直接原因。司法实践中有两种不同的具体情形：一是受害人行为与侵权人行为都是造成环境侵权损害的直接原因。这类情形在司法实践中类似无意思联络的共同侵权行为，原、被告双方各自按相应过错比例分担责任。[②] 二是受害人行为而非侵权人行为是造成环境侵权损害的直接原因。此种情形下，法院一般会认定受害人存在过错并相应减少侵权人的赔偿责任。如（2004）黔高民一终字第30号贵州省桐梓县木瓜镇龙塘村老房子32户村民与綦江县赶水矿产有限公司损害赔偿纠纷上诉案中，二审法院认为“上诉人排污水在村沟里，并不是造成渔塘损失的直接原因。造成渔塘损失的直接原因是被上诉人家人将污水引入渔塘造成的……被上诉人家人将污水引入自家渔

---

① 类似受害人预见能力瑕疵案例还有（2004）沪一中民一（民）终字第3577号上海汉殷药业有限公司等与瞿伟荣等环境污染侵权损害赔偿纠纷上诉案，二审法院认为：“瞿伟荣在污染受损的整个过程中，由于自己预见能力的瑕疵，导致部分损失扩大。此在原审审理过程中均已作考虑，相应受害人比例只能根据案件的具体情况，考虑损失起因、扩大损失的主观过错程度等等予以确定。”

② 如（2012）岳莲民初字第00082号谭某某等诉肖某某等环境污染侵权纠纷案，法院认为“造成本次死鱼的事件发生原因，应该是多方因素造成：首先，六被告的多年共同持续排污行为所造成的污染物的积累，致使池塘水质严重受到污染，是造成本案事件发生的主要原因；其次，四原告自身所有的养殖场在污水改道之前向池塘的多年排污，常年沉积的污染物也是水质受染的因素之一。事发之日的天气高温炎热，池塘水量又严重不足，致使池塘内水体严重缺氧，而四原告作为专业的鱼类养殖者缺乏必要防范意识，疏于管理和必要的警觉，未能及时采取相应措施予以预防，也是致使此次死鱼事件发生的因素之一；综合上述各项原因，本院根据公平合理原则，酌情确认由六被告按百分之七十的比列承担此次污染事件的的侵权责任。”

塘也有过错，依法应酌情减少上诉人的赔偿责任。”①

4. 受害人混合过错。司法实践中还有一种情形是受害人过错存在上述三种情形混合或者两两混合。例如受害人的行为既是造成损害后果的直接原因，受害人又存在着未采取合理措施预防损害后果发生或扩大，在此种情况下法院一般会将各种过错因素一一列举，然后综合衡量侵权人与被侵权人过错。②

（三）环境侵权诉讼中比较过错的构成要件

司法实践中，法官对环境侵权受害人过错的认定与适用传达出一种朴素的逻辑，即在严格责任的框架下综合衡量加害人与受害人的利益平衡与协调，这一裁判的实践逻辑暗合“分配正义”的要求。③ 以比较过错的理论分析为框架，从上述受害人过错的具体情形和案例中可以初步勾勒出环境侵权诉讼中比较过错的构成要件：

1. 受害人应当具有过错能力。除了年龄这一通用条件外，要达到能够参与环境侵权责任分担的程度，受害人应当具有建立在专业知识、行业经验上的过错能力，通常是一定程度上对环境损害风险的预见能力，例如专业养殖者对所养殖鱼类特性具有专业知识，对鱼类生长发育的致害因素应有一定的预判，在相应环境侵权行为可能对鱼类造成损害时，专业养殖者未能采取符合专业知识的合理措施予以防范或减损，就可能被认定为存在过错。

2. 受害人存在过错的前提是明显违反法定或推定义务。法定义务是法律文本中为受害人设定的义务性条款。德国《环境责任法》为受害人

---

① 类似案例还有（2004）连民一终字第268号连云港双友硅制品有限公司与李红巾环境污染损害赔偿纠纷上诉案，二审法院认为“但在本案中，上诉人排污水在村沟里，并不是造成渔塘损失的直接原因。造成渔塘损失的直接原因是被上诉人家人将污水引入渔塘造成的。综上，上诉人将没有治理好污水排出厂外村沟，没设立警示标志，违反环境保护法的规定，应承但赔偿责任。被上诉人家人将污水引入自家渔塘也有过错，依法应酌情减少上诉人的赔偿责任。原审法院对本案认定事实清楚，但对责任分担不当，适用法律不当，本院予以纠正。”

② 参见前注（2012）岳莲民初字第00082号谭某某等诉肖某某等环境污染侵权纠纷案。

③ 有学者甚至认为“对环境侵权的无过错责任原则进行具体规定……明显体现了环境侵权作为‘分配正义’的本质属性”。（吕忠梅：“论环境侵权责任的双重性”，载《人民法院报》2014年11月5日第8版）。

设定的义务常见的有容忍义务、提醒义务等，[①] 违反这些明确的法定义务会被认为存在过错。我国司法实践中常见的是推定义务，法官从公平原则和诚信原则出发，基于对受害人的专业知识和一般生活经验的判断，在《民法通则》第 131 条和《侵权责任法》第 26 条等相关条文的基础上适用解释和推定的方法，在个案中为受害人设置了合理注意义务、环境风险预防义务和环境减损义务。为避免裁判“于法无据”的尴尬，有必要将司法实践中形成的较为成熟的裁判规范纳入成文法体系。

3. 受害人存在过错是加害人的举证责任。对受害人过错的判定应当严格加害人的证明责任，坚持行为责任与说明责任的标准，这符合环境侵权责任作为“无过错责任”或“严格责任”的立法本意，在自己责任原则的框架内最大限度保护受害人合法权益。

4. 受害人过错行为与损害结果之间有直接因果关系。之所以强调直接因果关系，主要原因在于无过错责任本身就是向受害人权益倾斜的归责原则，如果无法证明受害人过错行为与损害结果之间存在直接因果关系而要求受害人分担责任显然与无过错责任原则的宗旨相悖。

三、受害人过错参与环境侵权责任分担的类型化适用

司法实践中有关受害人过错参与环境侵权责任分担的案例不少，在一定程度上已经形成较为成熟的裁判思路，但在过错程度、操作方法等裁判规范细节方面却仍存在不确定性。有鉴于此，从“及时填补受害人损失”的侵权法政策与“更好保护环境”的环境法政策双重视角来考

① 德国 1991 年 1 月 1 日施行的《环境责任法》第 5 条规定，如果设备运行符合预期目标及相关规定，且财产仅遭受轻微损害，或者根据当地普遍状况，损害在可以容忍的合理限度内，对于财产损失的赔偿责任应予免除。第 11 条规定，如果损害发生之部分原因归因于受害人过错，应适用《德国民法典》254 条之规定。在财产受损之情形，财产实际控制人的过错视为受害人过错。《德国民法典》第 254 条（1）被害人对损害的发生负有共同过失的，应根据情况，特别是根据损害在多大程度上是由当事人的一方或者另一方造成的，来确定赔偿义务和赔偿范围。（2）即使被害人的过失仅限于对债务人既不知也不可知的、有造成异常严重损害的危险怠于提醒债务人注意，或者怠于防止或者减少损害时，也同样适用前款规定。于此准用第 278 条的规定。第 278 条规定，债务人对其法定代理人或者其为清偿债务而使用的人所犯过失，应与自己的过失负同一范围的责任。第 276 条第 2 款的规定不予适用。第 276 条（2）债务人因故意行为而应负的责任，不得事先免除。

察，应将民法公平原则与环境法污染者负担原则相结合，采取体系解释的方法，将过错抗辩纳入环境侵权责任之中构建环境侵权责任的过错抗辩事由体系，并以类型化方法分别确定对受害人过错参与单人、数人环境侵权责任分担的具体方案。

（一）受害人过错参与单人环境侵权责任分担的适用

1. 受害人故意并非加害人完全免责的抗辩事由。《侵权责任法》第65条之规定解释为环境污染责任是无过错责任，那么从体系解释的角度，《侵权责任法》第27条之规定应当解释为：损害是因受害人故意造成的，行为人在因故意造成的损害范围内不承担责任。或者解释为：损害完全是因受害人故意造成的，行为人完全免责。若不论受害人过错是否是造成损害的唯一原因、直接原因、主要原因，一概认定行为人不承担任何责任，则实质上与无过错责任相矛盾，亦不符合民法的公平原则。笔者认为，受害人故意是加害人免责的抗辩事由，但并非加害人完全免责的抗辩事由。如果受害人与加害人都故意排放污染物而致受害人遭受损害，受害人转变为加害人的角色，相当于是两个加害人造成侵害后果，应当参照数人环境侵权模式按“肇因原则”分析确定责任分担，而非直接判定受害人自己承担全部责任。其直接的侵权法理依据依然是“比较过错”，体现的价值诉求是“分配正义”，体现的是“更好保护环境”的环境法政策，在环境伦理学的分析框架中，从功利论的角度，当受害人与加害人都存在故意时，受害人与加害人都承担破坏环境的责任更有利于保护环境；从义务论的角度，受害人与加害人的故意当然构成破坏环境的动机，在行为上都具有可责性。

2. 受害人过错等级是故意和重大过失。侵权法一般原理认为，过错分为故意和重大过失、一般过失（包括轻微过失）。受害人一般过失对加害人环境侵权责任承担不发生作用，非如此不足以彰显无过错责任原则对受害人权益的特别保护。

3. 比较过错方法是先比较整体过错等级，再比较具体过错程度。只有在受害人过错等级明显高于加害人过错等级时，受害人过错才能成为减轻加害人责任的理由，在这一条件下，受害人过错程度低于加害人过错程度，最终的责任比例和赔偿数额则根据具体过错程度的比较予以确定（具体方案见表一）。正如有学者所言“法律上与加害人无过失责任或中间责任时，斟酌被害人与有过失之程度或比重，应比加害人负过失责任之情形为轻，始合立法上加重加害人责任之本意。”有学者认为“加害人有过失时，似毋须斟酌被害人之过失而减轻加害人之责任”[①]

4. 参与分担的责任形式是相应减轻加害人赔偿数额，即减少金钱债务或可转换为金钱的债务。无论受害人过错形态为何种情形，不影响加害人消除危险、排除妨碍的责任。

表一　受害人过错参与单人环境侵权责任分担的具体方案

加害人 受害人	故意	重大过失	一般过失	无故错
故意	按原因力大小	按原因力大小	受害人责任	受害人责任
重大过失	加害人责任	加害人责任	按原因力大小	按原因力大小
一般过失	加害人责任	加害人责任	加害人责任	加害人责任
无过错	加害人责任	加害人责任	加害人责任	加害人责任

（二）受害人过错参与数人环境侵权责任分担的适用

受害人过错参与数人环境侵权责任分担的适用问题相当复杂，目前尚未见这方面的研究。这一问题包含两个前提性的命题：一是受害人过错参与数人侵权责任分担；二是数人环境侵权责任分担。

关于受害人过错参与数人侵权责任分担，在比较法上有不同的方案：总体衡量（整体衡量）[②]、个别看待[③]、绝对过失相抵和相对过失相抵[④]、

---

① 曾隆兴：《详解损害赔偿法》，中国政法大学出版社 2004 年版，第 439 页。

② 在加害人存在主观共同过错的情况下，将加害人一方作为总体，衡量受害人一方与加害人一方比例来确定责任分担。参见王泽鉴：《侵权行为法》（第二册），2006 年版，第 54～55 页。

③ 对受害人过错与每名侵权人过错进行单独衡量来确定每名侵权人的赔偿数额。参见［德］迪特尔·梅迪库斯：《德国债法总论》，杜景林、卢谌译，法律出版社 2003 年版，第 523 页。

④ 绝对过失相抵基本相当于总体衡量，相对过失相抵是在确定受害人请求利益总量的基础上单独比较受害人过失与加害人过失来决定每个加害人最多必须给付多少利益。参见［日］圆谷峻：《判例形成的日本新侵权行为法》，赵莉译，法律出版社 2008 年版，第 230～234 页。

参与过错（CONTRIBUTORY FAULT）和无法受偿份额再分配（REALLOCATION OF UNCOLLECTIBLE SHARE）[①] 等。国内学者对这一问题的研究不多，目前比较明确的有两种观点：一种是“先总后分”的思路，即将共同侵权行为人作为一个整体，先从总量上确定受害人过错对共同侵权行为人责任承担的影响，然后再在共同侵权人内部根据原因力大小等因素进行责任分担。[②] 第二种观点按照数人侵权责任分担形态进行类型化分析，认为“受害人过错不影响因主观关联共同侵权行为承担连带责任，但影响客观关联共同侵权行为和共同危险行为的连带责任适用。”[③]

数人环境侵权责任分担近来是颇具争议的热门话题，研究重点集中在无意思联络的数人环境侵权行为。学者根据不同标准将之进行类型化分析，代表性观点有“三分法”和“四分法”，前者是以“因果关系为分类标准将其分为环境择一危害行为、环境聚合危害行为和环境加算危害行为三种类型，并认为环境择一危害行为与环境聚合危害行为的风险责任均为连带责任，最终责任均为平均分担，而环境加算行为的风险责任为按份责任，最终责任以比例分担为原则，以平均分担为补充”[④]；后者是根据“单个行为是否均能够造成环境侵权损害”和“最终所表现的同一不可分的环境侵权损害是否能够由导致损害的某单个行为独自造成”两个因素将无意思联络数人环境侵权行为分为四类，“环境聚合危害行为应定性为多数人无过错联系但承担连带责任的分别侵权行为，环境加算危害行为和环境叠加危害行为应定性为多数人无过错联系承担按份责任的分别侵权行为，环境择一危害行为则应推定为共同危险行为，进而分别适用《侵权责任法》相关责任条款。”[⑤] 两种划分法其实并无本质区

① 包括连带责任再分配和按份责任再分配。详见美国统一州法委员会《统一侵权责任分担法》（2003 年最后修订版）第 2、3、5 条。

② 参见王利明：《侵权行为法研究》（上卷），中国人民大学出版社 2004 年版，第 623 页。

③ 具体的操作方式为“在主观关联共同侵权行为领域，应该继续适用‘整体衡量说’；在客观关联共同侵权行为领域，则应该以‘连带责任再分配说’为原则，以‘改变数人侵权责任分担形态’，实现责任减轻为补充（王竹：“论受害人有过错的数人侵权责任分担”，载《清华法学》2010 年第 2 期。）

④ 黄凯：“论无意思联络数人环境侵权行为的责任分担——以类型化为视角”，载《中国地质大学学报（社会科学版）》2014 年第 3 期。

⑤ 竺效：“无过错联系之数人环境侵权行为的类型”，载《中国法学》2011 年第 5 期。

别，只是“三分法”中的环境加算危害行为在最终责任分担中又分别适用比例分担规则和平均分担规则，实际上与“四分法”中的环境加算行为和环境叠加危害行为可以对应起来。

尽管受害人过错参与数人环境侵权责任分担有其复杂性，但我们不必将这一问题过度复杂化。不论学理上如何解释，各种观点殊途同归的基点是《侵权责任法》关于共同侵权行为的规定，这亦是司法实践中如何判定受害人过错参与数人环境侵权责任分担最可靠、最现实，相对而言最简捷的方法（具体方案见表二）。

表二 受害人过错参与数人环境侵权责任分担的具体方案

不同情形 适用方式	侵权责任法第8条	侵权责任法第10条前半段	第10条后半段	第11条	第12条前半段	第12条后半段
比较过错方式	比较受害人与共同侵权人过错	比较受害人与侵权人的过错	比较受害人与数个侵权人过错	比较受害人与数个侵权人过错	单独比较受害人过错与单个侵权人过错	总体比较受害人过错与数个侵权人过错
责任分担形态与方式	共同侵权人在过错范围内承担连带责任	减轻侵权人责任	数个侵权人在过错范围内承担连带责任	数个侵权人在过错范围内承担连带责任	单个侵权人分别承担按份责任	减轻数个侵权人责任的基础上数个侵权人平均承担责任

1.《侵权责任法》第8条规定的情形。在加害人构成环境共同侵权的情形下，首先比较受害人过错与共同侵权人的共同过错，然后结合原因力大小判定共同侵权人在过错范围内承担连带责任。

2.《侵权责任法》第10条规定的情形。这一条又可分为前半段与后半段两种具体情形。在环境共同危险行为情形下，如果能够确定具体的环境侵权行为人，则比较受害人过错与侵权人过错，适当减轻侵权人责任。如果无法确定具体的环境侵权行为人，则参照共同过错情形比较受害人与数个侵权人的过错，判定数个侵权人在过错范围内承担连带责任，由于无法确定具体的侵权人，也就无法继续比较侵权人内部的过错。

3.《侵权责任法》第 11 条规定的情形。无意思联络但承担连带责任的分别环境侵权行为情形中，数人在对外关系上具有共同的可责性，应当在总体上比较受害人过错与数个侵权人过错，判定数个侵权人在过错范围内承担连带责任，然后在内部追偿关系中根据数个侵权人的过错结合原因力大小判定各自的责任分担。

4.《侵权责任法》第 12 条规定的情形。无意思联络的分别侵权行为承担按份责任情形中，数人侵权行为的可责性是可分的，应当分别比较受害人过错与单个侵权人过错，如果结合原因力大小等因素足以判定责任大小，则单个侵权人分别承担按份责任（前半段规定）；如果无法判定单个侵权人责任大小，则在总体上比较受害人与数个侵权人过错，在相应减轻数个侵权人责任的基础上判定数个侵权人平均承担责任。

受害人过错参与环境侵权责任分担不仅是一个环境司法的实践性问题，还关系到比较过错是否适用于无过错责任以及如何适用等侵权法上的重大理论问题。对这一问题认识，实践已走在理论的前面，因此，不宜对此采取回避或者模糊的态度，实践中形成的裁判规范迫切需要立法条文予以明确。裁判规范的确定性过程必须充分引入环境司法的合理要素，可以先通过指导性案例予以指引然后通过司法解释进一步明确环境侵权诉讼中受害人的过错形态、过错程度及如何参与责任分担的标准。

第五章 环境侵权受害者权益司法保护的特别诉讼模式

人类生存之必须共同拥有和共同维护的环境、生态受到现实之侵害或有遭受侵害之虞时，每个个体都有权利以自己的名义或授权其他人通过诉讼的方式保护共有之环境、生态，被授权的其他人为维护社会环境的公共利益而提起的诉讼称之为环境公益诉讼。环境公益诉讼是公民、社会组织或政府机关代表社会公共利益以自己的名义向法院提起诉讼，要求污染公共环境、破坏生态资源的行为人停止侵害行为，承担恢复原状、赔偿损失等相应的法律责任。《民事诉讼法》第 55 条在诉讼制度上对环境公益诉讼进行原则性的构建，规定对污染环境、侵害众多消费者合法权益等损害社会公共利益的行为，法律规定的机关和有关组织可以向人民法院提起诉讼。《环境保护法》第 58 条和《海洋环境保护法》第 90 条关于原告诉讼主体的资质进行了设定，规定了提起环境公益诉讼的社会组织的条件和行使海洋环境监督管理权的部门代表国家对破坏海洋生态、海洋水产资源、海洋保护区的责任者提起环境公益诉讼的权力。《最高人民法院关于审理环境民事公益诉讼案件适用法律若干问题的解释》在诉讼程序上予以补充完善，对人民法院审理环境民事公益诉讼进行了规范指导。环境公益诉讼制度是一项复杂的系统工程，该制度的完善，关系社会经济的可持续发展，关系社会政治的长期稳定，环境公益诉讼制度在我国才刚刚起步，在诉讼类型、诉讼主体、公益诉讼与私益诉讼的衔接、审判机构的设置等方面还需要在理论和实践中不断完善。

第一节　环境公益诉讼的完善

一、建立环境行政公益诉讼制度

为管理社会公共事务和维护社会公共利益的需要，公民让渡一部分天赋人权组建国家，设立各行政部门，各环境保护行政部门应当按照自身的职责履行保护环境和生态的义务。环境保护行政部门直接行使公权力对保护环境所作的行政行为较之司法行为具有较强的针对性、直接性和高效性的法律后果，系环境、生态保护之第一道防线。从环境公益诉讼的制度产生的背景来看，环境管理公权力运行在应对环境损害问题上的失效是构建该制度的基本前提，如果环境保护行政部门的环境保护职能能够适应环境保护之需要，环境污染、生态破坏等情形基本上不应大规模存在，近几年相关的环境侵权案件归结背后的原因得知环保部门的不作为是环境侵权案件发生的一大主因。[①] 我国宪法规定“公民对于任何国家机关和国家工作人员，有提出批评和建议的权利；对于任何国家机关和国家工作人员的违法失职行为，有向有关国家机关提出申诉、控告或者检举的权利。”正是环境保护行政部门由于各种原因的行政乱作为或不作为，促进或纵容了环境污染、生态破坏行为发生，应当允许公民、社会组织或其他相关国家机关对其该行为提起环境行政公益诉讼，以监督和纠正行政行为。而行政诉讼法规定人民法院仅受理公民、法人或其他社会组织认为行政机关的具体行政行为侵犯了其合法权益提起的行政诉讼，将环境行政公益诉讼拒之了门外。

目前，在我国建立环境行政公益诉讼制度有现实的必要性和可行性。一是我国正在努力进行经济转型，建设可持续发展经济结构。牺牲生态

---

① 李大为、袁硕：“环境公益诉讼中诉讼主体地位的选择”，载《法制与社会》2015 年第 23 期。

环境盲目追求高经济增长的野蛮经济发展模式已经不适应当前我国的国情，“目前国内几乎每条主要河流、每个主要湖泊、大部分地区的空气环境均受到极其严重的污染，大量物种迅速灭绝或成为濒危物种”[①]，已经成为我们不得不考虑的重要课题。建立环境行政公益诉讼制度，督促环境保护行政部门严把环境保护关十分必要，在司法制度上为环保一票否决制加上双保险。二是相关环境公益诉讼制度的建立和完善为环境行政公益诉讼制度的建立提供了重要参考。由于民事公益诉讼与行政公益诉讼在具体的程序和制度设计上具有相当多的共通之处，环境民事公益诉讼法律体系的日益完善和环境民事公益诉讼实践的逐渐增多为环境行政公益诉讼的建立提供了有益参考。国外环境行政公益诉讼制度也能提供借鉴。德国建立联邦行政法院检察官作为公益代表人参加诉讼的“公益代表人制度”和赋予环境保护团体诉讼权能的“团体诉讼制度”[②]，法国法律规定环保团体对环境污染检测、监督管理方面的严重疏忽、缺失行为以及违法行为可向行政法院提起行政诉讼，要求确认、撤销或采取管制措施。三是已经有了司法实践先例。2009 年 7 月，清镇市环保法庭受理的中华环保联合会诉清镇市国土资源管理局行政不作为一案，最终以该国土局主动履行了相应行政职责后撤诉结案。该环保行政公益诉讼第一案虽然取得了皆大欢喜的结果，但我们今后应该更多的考虑如何建立与之相配套的环境行政公益诉讼法律制度。

二、环境公益诉讼主体资格的完善

纵观世界各国立法和司法实践，不同国家对于环境公益诉讼的主体范围界定并不十分相同，部分发达国家的主体已经呈现出多元化的趋势，不仅限于政府机关、检察机关、社会团体，甚至已经延伸到个人。美国联邦最高法院于 2000 年审结的“地球之友”诉莱德洛公司案，是影响美国环境公益诉讼原告资格的重要判例。美国联邦最高法院重申了原告资

---

① 曹明德：“中美环境公益诉讼比较研究”，载《比较法研究》2015 年第 4 期。

② 何勤华：《德国法律发展史》，法律出版社 1999 年版，第 472 页。

格需具备的三个条件：1. 原告具有具体明确或紧迫的事实损害；2. 损害可归因于被诉的行为；3. 救济损害的可能性。“地球之友”诉莱德洛公司案，承认了“对环境污染后果的合理担心”可构成事实损害，大大拓宽了美国环境公民诉讼原告资格的范围。① 美国1972年发生的塞拉俱乐部诉内政部长莫顿案是一个至关重要的最高法院判例，它确立了基于环境资源利益的起诉权。尽管塞拉俱乐部最终输掉了官司（它力图阻止对加州红杉国家公园附近一片区域的开发），但却在法律和民意上赢得了战争，因为最高法院的裁决制订了一个清晰的路线图，指明接下来的案子如何成功地获得法律起诉权。根据裁决，一个环境组织不能代表其自身起诉，但可以在损害证据的基础上代表那些审美或休闲利益受到损害的成员起诉。美国1978年帕里拉属鸟诉夏威夷土地与资源管理局中出现了美国法律史上第一次，也是人类法律发展史上第一次，以非人类存在物做为原告的诉讼。该案表明，自然体可以成为法律主体、享有法律主体资格和权利。② 日本1995年奄美大岛4种鸟类诉地方政府中，日本环保团体将鸟类作为原告，提起了自然的权利诉讼。③ 1993年，菲律宾的45

---

① 在该案中，环保组织“地球之友”根据美国《清洁水法》的规定，起诉莱德洛公司违反排污许可，排放了过量的汞和其他污染物，要求法院进行禁令救济并对莱德洛公司进行民事罚款。莱德洛公司于1986年从南卡罗莱那州购买了一套有毒废弃物焚烧设备，并获得了该州“国家污染减排项目”许可证，莱德洛公司可在许可证限制范围内向北泰戈尔河排放污染物。然而，自1987年至1995年间，莱德洛公司违反许可证的规定，超标排放污染物近500次。“地球之友”提起诉讼后，被告莱德洛公司辩称环保组织“地球之友”缺乏原告资格，该辩称被初审法院否决。初审法院经审理后认定莱德洛公司违反许可证规定达489次，决定对该公司处以405800美元的民事罚款，但拒绝颁发禁令。原告“地球之友”认为该罚款数额太少而提起上诉。上诉法院认为，诉讼开始后莱德洛公司已经遵循法律和许可证的规定，再对罚款数额提起上诉已无意义，因而驳回了“地球之友”的上诉。上诉法院还解释，民事罚款是支付给美国国库而救济原告所收的损害，原告上诉不符合可救济性要求。原告不服，再次上诉至联邦最高法院。联邦最高法院推翻了上诉法院对“地球之友”原告资格的认定。

② 由于帕里拉属鸟的栖息地急剧减少，1978年1月27日，塞拉俱乐部法律保护基金会和夏威夷奥督邦协会代表仅存的几百只帕里拉属鸟提出了一份诉状，要求停止在该鸟类的栖息地上放牧。法院受理了这个案件。1979年6月，一名联邦法官做出了帕里拉属鸟胜诉的判决，要求夏威夷土地与资源管理局在两年内完成禁止在帕里拉属鸟栖息地放牧的工作。

③ 1990年前后受泡沫经济的影响，日本某企业计划在奄美大岛上的村庄内修建一个高尔夫球场。这一计划可能影响奄美大岛上的鸟类。1995年2月24日奄美4类野生保护鸟类作为原告向鹿儿岛地方法院提起了行政诉讼，请求法院判决禁止政府批准的高尔夫球场建设。鹿儿岛地方法院分别于1995年3月和1997年9月29日分别作出判决。注65~67案例参见 http：//green. sohu. com/20130718/n381963612. shtml，2016年4月1日访问。

名儿童诉菲律宾政府案中法院的态度更为开放或者说激进。菲律宾最高法院申明当代人和后代人都享有生态平衡和健康的环境的权利，承认这45名儿童作为自己和后代人的代表有对政府提起诉讼要求保护自己及子孙后代环境的权利。①

我国对环境公益诉讼的主体范围界定为法律规定的机关和有关组织。目前法律明确规定的机关为海洋环境保护法规定的行使海洋环境监督管理权的部门，有关组织指的是环境保护法规定的满足下列条件的社会组织：第一，满足设区的市的登记的形式要件；第二，满足从事保护环境的公益活动连续五年以上的实质要件；第三，满足无违法记录的消极要件。目前符合该标准的环保非政府组织有200余家，② 能够提起环境公益诉讼的组织可能更少。③

在环境公益诉讼实践中，公民个人、环保组织、检察机关已经作为原告进入到司法实践中。例如，2008年3月，经江苏省高级人民法院批准，在无锡设立了五个环境保护合议庭，其主要职责是保护和改善生态环境，防止污染和其他公害，为地方政府和行政管理部门依法行政提供司法保障，实施“刑事、民事、行政”三合一的审判模式。无锡市中级人民法院《关于环境保护审判庭审理案件管辖的若干规定》对受案范围和原告主体资格做了如下规定：案件受理范围为环保自然生态规划区域内发生影响自然生态环境保护的公益诉讼案件；居民居住社区范围内影响生活环境质量的环境公益诉讼案件；沿太湖案件；重点风景旅游区环

---

① 1993年，菲律宾的45名儿童由他们监护人的代表安东尼奥为诉讼代表人，代表他们这一代及其下一代向法院提起诉讼，指控菲律宾政府环境管理部门所签发的木材许可证合同超出了森林的采伐能力，要求政府停止大规模地出租森林（尤其是原始森林）采伐权的活动。菲律宾最高法院戴维德法官在向法院提出的报告中指出：“我们发现没有任何困难判决他们能够为他们自己、他们的同代人以及后代提起诉讼。就生态平衡和健康的环境而言，他们代表后代提起诉讼的资格建立在几代人共同责任的基础上。”由于法院在裁决承认后代人属于该案利害关系人的基础上授予了孩子们诉讼权，政府被迫下达行政命令取消了65个出租森林的合同项目。这个判例虽然发生在菲律宾，但对其他国家的政府来说，其冲击力是非常大的。参见［英］冈瑟·汉撼尔：《国际环境法年鉴》（第4卷，1993年），牛津克莱伦顿出版社1994年版。

② 曹明德：“中美环境公益诉讼比较研究”，载《比较法研究》2015年第4期。

③ 王灿发、成多威：“新《环境保护法》下环境公益诉讼面临的困境及其破解”，载《法律适用》2014年第8期。

境保护规划带范围内发生的影响环境保护的公益诉讼案件。原告的主体资格为各级检察机关、各级环保行政职能部门、环境保护社团组织、居民社区物业管理部门。江苏的探索是有基础的。无锡市所在的苏南是全国经济最为活跃的地区，太湖蓝藻事件等环境公害频发与环境公益诉讼制度缺失之间的冲突越来越频繁地出现在公众视野中，实在影响了当地的生态环境和生活环境，为经济保驾护航的职责使人民法院不可能对此置若罔闻。因此，必须从法律上有所突破。在朱正茂、中华环保联合会与江阴港集装箱公司环境污染侵权纠纷案（无锡市中级人民法院（2009）锡民初字第0021号）中，原告朱正茂、中华环保联合会诉称，被告江阴港集装箱公司在江阴市黄田港口作业过程中产生铁矿粉粉尘污染，严重影响了周围的空气质量和居民的生活环境，并将含有铁矿粉的红色废水非经处理直接冲洗排入下水道，经黄田港排入长江，影响附近居民饮用水安全，同时，江阴港集装箱公司在作业过程中产生的噪声影响了周围居民生活。请求判令被告江阴港集装箱公司停止侵害、排除妨碍、消除危险、恢复原状、无害化处理等。原《民事诉讼法》第108条规定的起诉条件要求原告必须与案件有直接利害关系，而中华环保联合会这样的社会组织，是与污染没有“直接利害关系”的第三方。案件代理人为使案件顺利被法院受理，也“智慧地”设立了黄田港村村民朱正茂和中华环保联合会两个原告。

当然，法院的探索在实践中并不尽然都是准确无误的，在原告主体资格的范围中，该规定将检察机关也可列为原告存在一些制度障碍。检察机关是法律监督机构，若让其成为原告，则有可能破坏其法院监督者的角色定位，且在检察机关败诉的情况下，其是否可以提出抗诉？这在《民事诉讼法》关于公益诉讼的章节中并未体现，但强力机关的选择替代却提供了很好的思路。我们可以且应当将这些在实践中出现的完全可以作为原告的主体纳入到法律允许的范畴中。

1. 明确公民个人在环境公益诉讼中的主体资格。诚如有学者所言，“立法者对环境公益诉讼十分谨慎，并且在一开始十分不情愿将环境公益诉讼条款纳入环境保护法草案之中，担心允许此种诉讼导致诉讼泛滥从而给企业带来沉重负担”[①]，大量的失业会导致社会、政治不稳定。然而此担心在我们“以和为贵”的社会传统下却是无此必要。赋予公民个人在环境公益诉讼中的主体资格，能够极大的激发人民群众参与到环境保护中来，能够与法律中规定的人民群众保护环境的义务相协调。其次公民是环境保护的最终受益者，当赖以存在的环境遭受破坏或破坏之虞时，赋予公民诉讼主体资格能够更好的监督、制止各种违法犯罪行为，正如有学者所言，“罪案的总数被揭露 50% 时，犯罪者就会住手观望，不敢随便下手作案；犯罪被揭露到 50% 以上时，胆小的犯罪者就得改正，另谋出路；犯罪者的犯罪如被揭露到 80% 以上时，罪犯只有自首投案或潜伏他乡逃避”[②]。在国际上，允许公民向法院提起环境公益诉讼也有例可循，《美国清洁水法》第 505（e）条规定：“本款不限制任何人或一群人依据成文法或判例法寻求实施污染物排放标准的权利，或寻求任何其他法律救济包括起诉行政长官或州政府机构的权利”[③]。在我国，公民个人作为环境公益诉讼主体的司法实践也已经走到了立法的前面，2012 年 6 月清镇市环保法庭开庭审理蔡长海诉龙兴光环境公益诉讼一案，这被认为是我国首例以公民个人为原告的环境公益诉讼。

2. 明确检察机关在环境公益诉讼中的主体资格。检察机关作为环境公益诉讼主体具有先天性的优势，检察机关是宪法所确立的专门的法律监督机关，监督公共利益不受非法侵害是其天然职责所在，检察机关代表公益而不掺杂私益，在环境公益诉讼中能够更好的维护社会公共利益，检察机关拥有法律专门人才，可以精准把握提起环境公益诉讼的方式和方法，可以依法行使其广泛的调查核实权，收集相关证据，也可以依靠强大的国家财政支持，促使环境公益诉讼产生良好的法律和社会效果。2015 年 7 月 1 日，十二届全国人大常委会第十五次会议通过了《关于授

---

① 曹明德：“中美环境公益诉讼比较研究”，载《比较法研究》2015 年第 4 期。

② 陆伦章：《犯罪学》，华东政法学院出版社 1985 年版，第 355 页。

③ 曹明德：“中美环境公益诉讼比较研究”，载《比较法研究》2015 年第 4 期。

权最高人民检察院在部分地区开展公益诉讼改革试点工作的决定》。2015年7月2日，最高人民检察院印发了《检察机关提起公益诉讼试点方案》，在北京、内蒙古、吉林、江苏、安徽、福建、山东、湖北、广东、贵州、云南、陕西、甘肃13个省、自治区、直辖市开展环境公益诉讼试点，试点期限为两年。2016年2月25日，最高人民法院发布了《人民法院审理人民检察院提起公益诉讼案件试点工作实施办法》。尽管如此，检察机关的环境公益诉讼主体资格仍有必要以正式法律的形式予以明确。

检察机关参与环境公益诉讼的制度设计构想：

第一，修改相关法律规定，明确检察机关的环境公益诉讼主体资格。中共中央第十八届中央委员会第四次全体会议研究了全面推进依法治国若干重大问题，作出关于全面推进依法治国若干重大问题的决定，明确了我国当前法治建设中探索建立检察机关提起公益诉讼制度的重要任务。虽然检察机关在环境公益诉讼中的主体地位在司法实践中已经得到了广泛的认可，相应的试点工作也如火如荼地开展了起来，但相应的法律制度因为其滞后性而并没有相应的予以完善。《人民检察院组织法》第5条通过列举的方式规定了人民检察院的职权，但没有规定检察机关参与环境公益诉讼的职权，今后可以通过修改该条的规定扩大检察机关的职能范围，赋予检察机关参与环境公益诉讼的职权。2015年1月7日起施行的《最高人民法院关于审理环境民事公益诉讼案件适用法律若干问题的解释》规定了检察机关支持社会组织依法提起环境民事公益诉讼的方式，但回避了检察机关是否系《民事诉讼法》第55条中所规定的“法律规定的机关”的问题，可以结合检察机关环境公益诉讼试点工作的成果在今后司法解释中予以明确。另外，我国现行行政诉讼法理论和制度体系中并不兼容检察机关直接针对行政机关提起环境行政公益诉讼。突破传统行政诉讼仅系行政相对人针对行政机关具体行政行为而提起诉讼的理论和制度设计，在《行政诉讼法》第二章中直接规定检察机关、公民、法人和其他社会组织可以就行政机关违法行使职权或者不作为提起环境行政公益诉讼。

第二，规范检察机关参与环境公益诉讼的方式。环境民事公益诉讼制度中规定了检察机关可以通过提供法律咨询、提交书面意见、协助调查取证等方式支持社会组织依法提起环境民事公益诉讼，但对检察机关参与环境行政公益诉讼和环境公益诉讼的监督都没有法律规定，这些都需要结合环境公益诉讼的特点在今后的法治建设中予以完善。本文认为检察机关参与环境公益诉讼的方式包括支持公民、法人或其他社会组织提起的环境公益诉讼和直接提起环境公益诉讼两种。

一是检察机关支持环境公益诉讼和直接提起环境公益诉讼的衔接。《检察机关提起公益诉讼改革试点方案》中规定检察机关提起环境公益诉讼须经相应的诉前程序，即在环境民事公益诉讼中督促或者支持法律规定的机关或有关组织提起民事公益诉讼，在环境行政公益诉讼中先行向相关行政机关提出检察建议，督促其纠正违法行政行为或者依法履行职责。本文认为环境民事公益诉讼中该诉前程序确无必要，提起环境民事公益诉讼是法律赋予有权主体的诉讼权利，即便经过该督促程序最终实现的后果就是其他权利主体提起环境公益诉讼或者检察机关提起环境公益诉讼，并无实际之法律效果。另一方面，在现行法律体系中的提起环境公益诉讼的有关组织大多系非营利性公益组织，且不得在环境民事公益诉讼中牟取经济利益，其并没有提起环境公益诉讼的义务。因此，检察机关和其他有权提起环境公益诉讼的主体应当相互配合，构成我国环境公益诉讼体系不可分割的一部分，在彼此没有提起环境公益诉讼的情况下自行决定是否提起诉讼。鉴于检察机关保障社会公共利益的职能特点和在环境公益诉讼中的有利地位，对检察机关参与环境公益诉讼应有特殊的规定，当其他诉讼主体已经提起了环境公益诉讼的情况下，检察机关可以根据需要决定是否支持该权利主体提起的环境公益诉讼，同时也应当允许该其他诉讼主体在起诉后要求检察机关支持其诉讼的权利，以防止检察机关怠于行使权利，一旦检察机关决定支持诉讼，人民法院应当准许。

二是检察机关支持环境公益诉讼的方式。检察机关在支持环境公益诉讼案件中应对诉讼程序中的当事人意思自治原则给予必要的尊重，在支持诉讼活动中做到支持而不替代。在维护和保障国家、社会公共利益的前提下，不得阻碍或干涉当事人意思自治权利。目前环境民事公益诉讼中，检察机关主要以提供法律咨询、提交书面意见、协助调查取证等方式支持诉讼。本文认为在环境行政公益诉讼案件中也应当确定检察机关相应的支持诉讼的方式。现行理论界主要争议集中于检察机关在支持环境公益诉讼中能否提出自己独立的主张。本文认为检察机关在支持环境公益诉讼中仅能对为原告所提之诉讼请求提供支持，而不应侵害原告之独立的诉讼权利，故检察机关所提交之书面意见不应突破原告诉求之范围，在法律理解和事实认定上发表检察机关之独立意见，如有超越，人民法院应对超出部分不予审查。

三是检察机关对环境公益诉讼的监督。检察机关对人民法院的民事诉讼和行政诉讼活动依法实行法律监督，但在环境公益诉讼案件中应当还包括对诉讼参加人的诉讼行为进行监督，监督原告方不得任意变更、放弃自己的诉讼请求和相关的诉讼权利。针对原告方滥用诉权侵害公益的职能等行为，规定检察机关有提起抗诉的权力。因环境污染往往具有跨行政区域、影响较大等特点，环境公益诉讼往往规定由中级人民法院或海事法院受理，提起、支持、监督环境公益诉讼的检察机关应当规定为与受理法院相对应的检察机关。

3. 排除环境保护行政部门的诉讼主体资格。环境公益诉讼制度的功能定位是对行政管理权失效的补充而非替代，寄希望通过赋予环保行政部门公益诉讼原告资格以应对环境公权力的不足并进而对环境管理体制的缺陷进行矫正是公益诉讼制度不能承受之重。① 环境保护行政机关代表公权力履行环境保护职能是其行政职责所在，其自身就依法享有法律规定的环境保护管理权和行政处罚权，在行政相对人不履行行政处罚时还可以申请法院强制执行，其作为环境公益诉讼主体提起公益诉讼启动司法权力干预以转移其行政责任不符合环境公益诉讼制度之初衷。环境公益诉讼制度之所以设立，在很大程度上是由于私力救济和行政监管之缺失，而由公民个人和司法监管机构启动司法程序，以司法权力来补充上述之缺失。环境保

① 谢玲："再辩'怠于行政职责论'——就环境公益诉讼原告资格与曹树青先生商榷"，载《河北法学》2015 年第 5 期。

护行政机关虽然在环境保护方面具有较强的专业技能，能够很好地支持诉讼，但其作为原告参与环境公益诉讼必然带来环境保护行政机关一定程度上履行行政职能的懈怠，也会造成司法资源的浪费。行政权力与司法权力是并行的公权力，环保部门应当依法妥善行使其权力，并可寻求司法强制力的支持，但不应完全依赖司法权力。当环境污染事件发生或有发生之虞时，环保部门应充分发挥行政权力快速、高效、及时的特点作出行政行为，责令行政相对人予以改正、修复等，不享有法律规定提起环境公益诉讼的权利。相反，在环保部门不作为或作为不当的情况下，还应成为环境公益诉讼的被告。

三、环境公益诉讼与私益诉讼的衔接

环境污染、生态破坏行为往往同时伴随着对社会公共利益和公民个人利益的侵害，虽然侵权人和侵权行为是相同的，但侵害的权利客体却不一样，可能同时或先后带来维护社会公共利益的环境公益诉讼和维护个人私利的侵权损害赔偿纠纷诉讼，为防止法院作出相互矛盾的裁判和节约司法审判资源、提高审判效率，有必要对环境公益诉讼和私益诉讼进行公平有效的衔接。

1. 关于环境公益诉讼裁判的既判力。环境公益诉讼案件具有较强的个案示范性特点，对私益诉讼案件具有借鉴性。但私益诉讼的原告毕竟没有经过公益诉讼案件的审判程序，其诉讼权利没有得到应有的保障。鉴于此，《最高人民法院关于审理环境民事公益诉讼案件适用法律若干问题的解释》第 30 条第 2 款规定：“对于环境民事公益诉讼生效裁判就被告是否存在法律规定的不承担责任或者减轻责任的情形、行为与损害之间是否存在因果关系、被告承担责任的大小等所作的认定，因同一污染环境、破坏生态行为依据民事诉讼法第一百一十九条规定提起诉讼的原告主张适用的，人民法院应予支持，但被告有相反证据足以推翻的除外。被告主张直接适用对其有利的认定的，人民法院不予支持，被告仍应举证证明”，规定了公益诉讼裁判既判力对私益诉讼原告的单向扩张规则，且赋予了私益诉讼原告选择适用的权利。

2. 关于环境公益诉讼生效裁判认定的事实。《最高人民法院关于民事诉讼证据的若干规定》第 9 条第 1 款第 4 项规定已为人民法院发生法律效力的裁判所确认的事实无需举证证明，《最高人民法院关于审理环境民事公益诉讼案件适用法律若干问题的解释》第 30 条第 1 款对此予以了确认。在私益诉讼原告无相反证据推翻的情况下，直接采信公益诉讼中认定的事实有助于提高私益诉讼的效率。

3. 环境公益诉讼和私益诉讼执行顺位。当公益诉讼裁判和私益诉讼裁判同时并存且被告的财产不足以履行全部义务时，《最高人民法院关于审理环境民事公益诉讼案件适用法律若干问题的解释》第 31 条规定："被告因污染环境、破坏生态在环境民事公益诉讼和其他民事诉讼中均承担责任，其财产不足以履行全部义务的，应当先履行其他民事诉讼生效裁判所确定的义务，但法律另有规定的除外"。私益诉讼先于公益诉讼执行，在社会管理上有利于彰显以人为本的和谐社会原则，在法理上有利于体现对个人权利的尊重和保护，在问题解决上可以引进国家公益救济基金等制度解决被告赔偿不足的情形。

四、国内最大环保公益诉讼案的评析与反思

泰州市环保联合会诉江苏常隆农化有限公司等 6 家公司环保公益诉讼案被称为是迄今为止全国环保公益诉讼中赔付额最高的案件，该案判决对环境公益诉讼启发意义深远。①

---

① 2012 年 1 月至 2013 年 2 月，江苏常隆农化有限公司等 6 家公司将生产过程中产生的危险废物废盐酸、废硫酸总计 2.5 万余吨，以每吨 20～100 元不等的价格，交给无危险废物处理资质的江中公司偷排于泰兴市如泰运河、泰州市高港区古马干河中，导致水体严重污染。泰州市环保联合会以污染环境为由向法院提起公益诉讼，向 6 家企业索赔环境修复费 1.6 亿多元。泰州市中级人民法院一审判决 6 家企业赔偿环境修复费 1.6 亿多元。6 家企业不服一审判决，就泰州市环保联合会不具备公益诉讼资格、处置废酸与环境损害是否存在因果关系、损害结果如何认定等 3 个问题上诉至江苏省高级人民法院。江苏省高院二审认为：泰州市环保联合会依法具备提起环境公益诉讼的原告资格，一审审判程序合法。上诉人和原审被告处置其生产的副产酸的行为与造成古马干河、如泰运河环境污染损害结果之间存在因果关系。上诉人和原审被告依法应当就其造成的环境污染损害承担侵权责任。江苏省高院维持一审判决中关于赔偿数额部分，6 家公司共赔偿环境修复费用 1.6 亿多元。判决书称，6 家企业自判决生效之日起 30 日内向泰州市环保公益金专用账户支付赔偿；逾期不履行的，应当加倍支付延迟履行期间的债务利息。如果当事人提出申请，且能够在本判决生效之日起 30 日内提供有效担保的，赔偿款项的 40% 可以延期至判决生效之日起一年内支付。参见：《中国青年报》（2014 年 12 月 31 日 01 版）

1. 从证据的搜集看，有的放矢才能解决环境公益诉讼“取证难”问题

“立案难、取证难、鉴定难、胜诉难”是环境公益诉讼的瓶颈，而因果关系认定和损失认定是环境公益诉讼的重点和难点问题。证据质量的好坏直接决定了案件的胜败，本案集中体现了公益诉讼的一个通病——搜集固定证据难。企业倾倒数量及危害后果的多数证据在起诉时已经灭失，造成水体污染情况无法及时有效鉴定，案涉的多个企业排放废酸的具体数量难以查证。如何取证，怎样强化证据链，提升证明力是证据的精髓。通过“链接”有关部门——检察院、环保部门、技术机构，合理运用证据规则，原告有效规范地固定了证据：

一是刑民印证。在与本案有关的刑事案件的初始阶段，泰州两级检察机关在相关人员被抓获之初，及时介入案件，督促环保、公安部门依法立案查处，全面采集了14名犯罪嫌疑人的口供，结合证人证言、同案犯供述、涉案企业的记账本以及增值税发票凭证等，最终确定了倾倒数量。

二是联合环保部门和技术机构，对损失进行评估，邀请专家证人出庭作证。江苏省环境科学学会出具的评估报告，确定涉案的尾气吸收液属于国家危险废物名录中的废物，并且载明正常处理废酸需要花费人民币3660多万元。在索赔金额的计算上，依赖于环保部的《关于开展环境污染损害鉴定评估工作的若干意见》的附件《环境污染损害数额计算推测方法》。按照“虚拟治理成本法”，计算按照现行治理水平恢复到最初状态所需要的成本，并根据受污染影响区域的环境功能敏感程度，确定一定倍数进行计算即：虚拟治理成本为3660余万元，乘以迅类地表水环境功能敏感程度推荐倍数下限4.5倍，约为1.6亿元。相关专业技术部门和专业人员提供的证据辅助对本案损失认定的借鉴意义是巨大的，这表明，环境污染的损害计算是极为复杂的系统工程，一般的法律执业人员难以掌握的专门技术和规则，在同类型的审判案件中应当借力。

三是合理运用证据规则。《中华人民共和国侵权责任法》第65条规

定："因污染环境造成损害的，污染者应当承担侵权责任。"第66条规定："因污染环境发生纠纷，污染者应当就法律规定的不承担责任或者减轻责任的情形及其行为与损害之间不存在因果关系承担举证责任。"上述规定体现了环境侵权责任的归责原则，即无论上诉人与原审被告是否存在过错，只要其行为与造成的环境损害之间存在因果关系，都应当对其造成的环境损害承担侵权责任。本案原审被告并未举证证明其存在法律规定的不承担责任或者减轻责任的情形，也未证明其行为与损害结果之间不存在因果关系。因此，上诉人及原审被告应当对其造成的环境损害承担侵权责任。

2. 从裁判规则上看，环境公益诉讼应当引导企业在营利和社会责任方面进行平衡

司法有判断、指引和评价等功能，但任何一项功能的实现都必须通过审判执行案件、具体适用法律这一基本途径来实现。环境公益诉讼的裁判目的是什么，需要实现怎样的法律效果和社会效果？本案裁判的一大亮点即是创造性提出企业可通过自身技术改造，明显降低环境风险，在通过环保行政主管部门出具的企业环境守法情况证明、项目竣工环保验收意见和具有法定资质的中介机构出具的技术改造投入资金审计报告后，向法院申请在延期支付的40%额度内抵扣的执行方式。

在此不妨援引江苏省高级人民法院的裁判理由：根据《环境保护法》第1条、第4条规定，治理和预防污染是环境保护法的立法目的。环境公益诉讼程序作为环境保护法的重要实施途径，应当在追究环境侵权责任的同时，采取有利于防治污染的环境司法政策，实现修复环境、预防污染的立法意图，使环境保护同经济建设和社会发展相协调，促进经济社会可持续发展。本案各上诉人和原审被告处置其副产酸行为是导致副产酸被倾倒从而造成如泰运河、古马干河被污染的直接原因，应当就其造成的环境污染损害承担侵权责任。相关被污染河道的生态环境已经遭受损害，需要及时修复。同时，大量副产酸的无序流转，造成了极高的环境污染风险，需要采取预防措施以避免污染再次发生。根据《循环经

济促进法》第2条、第3条规定，对具有明显环境风险的副产酸进行减量化、再利用和资源化，是从源头预防副产酸污染环境的有效途径。本案上诉人和原审被告在二审庭审中都明确表示必须从本案中汲取教训，加大科技投入和技术改造力度，从根本上控制污染源，并分别提出即将实施循环利用、无害化处理等技术改造方案。检察机关在二审庭审中也向各上诉人和原审被告提出履行环保义务、承担社会责任的要求。根据国务院《排污费征收使用条例》规定，重要污染源防治、区域性污染防治、污染防治新技术、新工艺的开发利用，是环境保护专项资金的使用方向。尽管本案各上诉人和原审被告承担的环境修复费用有别于排污费，但在将其中主要部分用于环境修复的同时将其余部分用于预防污染，符合《环境保护法》和《循环经济促进法》的立法目的。

分清是非曲直，提供善恶标准、判定合法非法，引导社会单元知法守法、惩治违法行为，是司法的功能。我们可能无法在每个案件中完美地做到这些，但此案例确是人民法院发挥司法职能的代表之作。1.6亿多元的索赔分担，最高的是江苏常隆农化有限公司，赔偿金额为8500多万元。但法院并未一罚了之，而是根据实际情况要求企业在判决生效后9个月内付清，引导企业更加注重环保。根据相关信息，截至2015年12月17日，6家企业共缴纳赔偿款5661万余元，投入技改资金1亿余元。其中，泰兴市臻庆化工有限公司已经全部赔付到位，常隆公司和泰兴市富安化工有限公司已完成赔付额的60%，投入技改资金均超过赔偿款的40%。而另外3家公司没有赔偿到60%，具体履行情况是：江苏施美康药业股份有限公司赔偿163万余元，投入技术改造595万余元；泰兴市申龙化工有限公司赔偿102万元，投入技术改造1650万元；泰兴锦汇化工有限公司赔偿300万元，投入技术改造2309万余元。

3. 从审判模式上看，“三审合一”是趋势

在民事诉讼部分审理完毕后，2014年12月31日，江苏省泰兴市“12·19”环境污染系列案审结，14名污染环境肇事者和2名监管失职海事人员，二审分别被判处一年至五年零六个月不等的有期徒刑。本系

列案中，充分体现了“三审合一”审判模式，这不仅缩短了各部分案件的审理时间，也避免了案件线索移送滞缓、办理标准不统一的问题。行政处罚、刑事司法打击以及民事赔偿是环境诉讼不能绕开的三个问题。将环境刑事案件、环境民事案件和环境行政案件划归同一个审判庭审理的“三合一”集中审判机制，推行环境资源案件专业化审判，是环境诉讼审判改革的必然趋势，也将为长江流域的生态环境保护提供强大的司法后盾。

在“三审合一”的民事审判中，检察院出庭支持诉讼也是一个亮点。在庭审开始和结束时宣读了出庭意见书和庭审意见书，但庭审过程中并不参与辩论。此举不仅体现检察机关立足法律监督的基本职能，还充分阐明了环境污染公益诉讼案件的目的和意义，体现了国家态度。

第二节　环境集团诉讼的完善

集团诉讼是指为了一个集团全体成员的共同利益而由代表人代为向法院提起的诉讼，该诉讼裁判的法律后果及于全体成员。集团诉讼在我国又称为代表人诉讼，发展于共同诉讼制度，建立于牵涉面广、影响力大的社会事件之上，目的在于增强集团诉讼一方的诉讼能力、节约司法审判资源和统一裁判尺度、增强司法公信力。波斯纳的法经济学理论提出对诉讼的成本问题的研究，认为应从经济学理论考察诉讼制度，诉讼制度的目的就是使成本最小化。具体到集团诉讼，波斯纳认为若干小的权利请求聚合成一个足以使诉讼成本合理化的大的权利请求，即实现诉讼的规模经济环境污染事件往往受害人众多，除了由法律规定的机关和社会组织依法提起环境公益诉讼救济之外，还可以由众多受害人作为共同原告推选代表人提起集团诉讼。[①] 环境集团诉讼以实现受害人共同之私益为目的，与环境公益诉讼、受害人个人诉讼一起组成完整的环境污染

① ［美］理查德·A. 波斯纳：《法律的经济分析》，蒋兆康译，中国大百科全书出版社 1997 年版，第 26 页。

诉讼法律体系，完善的环境集团诉讼制度对加大环境污染的法律保护力度具有重要的作用。现行法律体系中关于集团诉讼主要规定在民诉法第53、54条及民诉法司法解释第75至80条之中。

一、环境集团诉讼的受案范围突破

环境集团诉讼发展于共同诉讼制度，共同诉讼指的是诉讼标的是共同的或同一种类，人民法院予以合并审理的诉讼，因此环境集团诉讼也必须基于共同的或同一种类的诉讼标的，即争议的法律关系或者实体权利相同或者同一种类。[①] 环境污染诉讼虽基于同一环境污染事件而发生，但每个受害人个体的现状是不一样的，根据自身的需要可能分别提出给付之诉或确认之诉，也可能提出侵权之诉或合同违约之诉等，在此种情况下依据现行法律规定不能够适用环境集团诉讼，尽管其所依据或认定的事实是一致的。共同诉讼制度设立的初衷是为了追求诉讼的效率性和经济性，环境集团诉讼与一般的共同诉讼相比具有其特殊性，在保障单个诉讼主体特殊诉讼请求的情况下（即法律并未禁止其不参加集团诉讼而单独提起诉讼的权利），应当允许在环境集团诉讼中审理不同类型的诉讼标的，在实践操作过程中参照美国集团诉讼的受案范围“因同一事实或法律问题引起的纠纷”，此种做法在我国现行司法实践中也是有迹可循的，如法院在一个诉中审理房屋买卖合同的撤销之诉和房屋及价款的给付之诉等。

二、代表人诉讼权利的扩张

环境集团诉讼的一个重要特征就是由代表人代为行使集体诉讼权利，代表人诉讼行为的效力及于其所代表的当事人，通过代表人的诉讼行为避免了庞大的当事人数量给诉讼带来的审判资源的消耗和效率的低下，避免了来自四方各地的当事人到庭参加诉讼的诉累。但法律同时规定代表人变更、放弃诉讼请求或者承认对方当事人的诉讼请求，进行和解，

① 江伟、肖建国：“关于代表人诉讼的几个问题”，载《法学家》1994年第3期。

必须经被代表的当事人同意，将代表人的实体诉讼权利予以了排除。此规定本意为防止代表人代表权利的滥用，但却忽视了代表人本身即为环境集团诉讼案件的当事人，也并没有考虑到代表人的产生本就意味着当事人和代表人之间的信任关系，增加了诉讼成本和诉累。在此，本文建议确定代表人的实体诉讼权利，通过严格代表人的产生、退出机制和监督机制来防止代表人代表权利的滥用。一是制定法律规范代表人的产生机制，明确其职责范围，包括提起上诉的权利，代表人只能在法律规定的范围内行使其诉讼权利和实体权利，二是拓宽当事人和社会公众对代表人的监督机制，建立起退出和责任承担机制，三是加强审判机构对代表人代表权利行使的监督，法院对于代表人实体处分权的具体行使可以根据是否损害当事人共同的利益作出否定的认定。

三、环境集团诉讼的参与：从申请登记到申请退出

由于环境污染行为的影响范围往往比较大，环境污染的损害后果可能具有一定的潜伏性，环境集团诉讼受害方当事人往往在诉讼时不能确定，我国法律通过设计申请登记的方式予以固定，即人民法院发出公告，说明案件情况和诉讼请求，通知权利人在一定期间向人民法院登记，未申请登记的只能另行提起诉讼。申请登记制度有利于督促权利人及时行使权利，加入诉讼，但若在人数众多但人均赔偿数额不大的环境污染案件中，当事人基于现实经济利益等各方面的考虑不进行登记申请，事后也不主张权利，则环境污染方实际承担的责任可能远远低于侵权所获得利益，不利于遏制大规模环境污染事件的发生，也可能使得多个法院对同一环境污染行为作出不同的事实认定和差异极大或相互矛盾的判决，损害司法的公信力。在此，我们可以借鉴美国证券集团诉讼中的“默示进入”和“声明退出”制度，[①] 结合我国环境集团诉讼公告制度，规定

① 参见郭雳：“美国证券集团诉讼的制度反思”，载《北大法律评论》2009 年第 2 期；章武生：“论群体性纠纷的解决机制——美国集团诉讼的分析和借鉴”，载《中国法学》2007 年第 3 期；陈亮：“环境侵害下的我国的代表人诉讼制度：功能局限与制度创新”，载《河北法学》2008 年第 1 期。

在法院公告后未明确申请退出或另行提起诉讼的，均视为参加诉讼，受该诉讼裁判效果的约束。

四、环境集团诉讼裁判的既判力

根据《民事诉讼法》第 54 条规定，关于环境集团诉讼裁判既判力的约束主体，包括三种类型，一是代表人，二是在法院公告期间内申请登记的权利人，三是在法院公告期间内未申请登记的权利人。关于前两种主体受环境集团诉讼裁判的约束在法理上没有争议，但对第三种主体的约束力的设定需要相关制度的完善设计。一是关于代表人的推选和权力行使的充分性，保证代表人能够充分代表当事人的利益，二是赋予未申请登记的权利人对环境集团诉讼生效裁判认定的证据质证的权利和不利认定否认的单方权利。

从我国司法实践来看，环境集团诉讼案件的审理涉及两个重要问题：一是环境污染集团诉讼案件在实践中代表人制度和委托代理人制度的协调统一问题。陈志忠等 100 人与安徽省交通集团滁州汽运有限公司、安徽省交通集团滁州汽运有限公司直属分公司、张俊、中国大地财产保险股份有限公司滁州中心支公司环境污染责任纠纷案件中（池州市贵池区人民法院（2013）贵民一初字第 01055 号、池州市中级人民法院作出（2014）池民一终字第 00136 号），100 名原告共同委托了一名委托代理人；在原告韩秀珍等 39 名村民诉称被告闫秀平、薛永平、山西桃林煤业有限公司、古交福鑫煤业有限公司越界采煤，给原告造成地质灾害损失的案件中（太原市中级人民法院（2015）并立民初字第 91 号、山西省高级人民法院（2015）晋立民字第 238 号），39 名村民共同推选了其中 3 名村民作为诉讼代表人。笔者认为，在环境污染集团诉讼中当事人推选代表人和委托诉讼代理人均系其合法权益，由当事人自行选择行使。第二个问题是环境集团诉讼案件性质的认定和类似破产登记的权利登记公告制度的建立和完善还有待研究。在韩秀珍等 39 名村民诉闫秀平、薛永平等四被告财产损害赔偿纠纷案中。太原市中级人民法院审查认为，韩秀珍等39名山西省古交市梭峪乡炉峪口村民起诉请求四被告予以赔偿，但各个起诉人要求赔偿损失各异，故各起诉人应当分别向古交市人民法院提起诉讼。裁定对韩秀珍等39名村民的起诉不予受理。39名村民上诉后，山西高院认为，虽该39名村名所遭受的财产损害均为同一侵权行为造成，但各受侵害的对象为不同的个体，故各受害人可以通过法律程序，向有管辖权的人民法院提起诉讼，维护自己的合法权益，受理案件的人民法院可以根据实际情况决定是否合并审理。裁定驳回上诉，维持原裁定。笔者认为，一案一诉和其他不予受理等方式不利于最终实现案结事了、化解社会矛盾。可以由人民法院在立案时审查决定是否属于环境污染集团诉讼案件，告知当事人相关诉讼权利，确定申请登记的公告的方式和时间，在判决中明确赋予未申请登记的权利人对环境集团诉讼生效裁判认定的证据质证的权利和不利认定否认的单方权利。尽管环境集团诉讼制度在我国已经有了初步的架构，但在司法实践中，法院对于群体性纠纷，担心维权主体众多，推选代表参与集团诉讼导致案件复杂，反而采取单独立案，分别审理处理的方式非常普遍，这也对我国建立跨区域专门环境审判机构提出的迫切的要求。

第三节 跨区域环境诉讼专门审判机构的设置——以海事法院为样本

一、设立跨区域环境诉讼专门审判机构的必要性

长期以来，我国环境生态管理体制仍然沿袭一般行政管理条块分割、区域分段、职能分化、责任分散的特点，自然形成的环境区域具有整体性、系统性，与人为设置的行政区划存在冲突，尤其是大气、水等环境要素具有流动性、扩散性，环境污染和生态破坏不以行政区划为限制。不仅如此，进入诉讼程序的环境案件还往往涉及多种法律规范，需要对

相应法律关系进行综合性调整，而人民法院以地域管辖为基础的现行管辖模式难以适应生态环境、自然资源诉讼的需求，因此，突破分散式、单一的司法模式，建立跨行政区域审判机构势在必行。

首先，现有法院管辖体制与自然环境的整体性、系统性之间存在严重不匹配、不协调，应当采取集中管辖、指定管辖等形式，将人民法院受理环境资源案件的集中配置在跨区域的审判机构。《民事诉讼法》第28条规定："因侵权行为提起的诉讼，由侵权行为地或者被告住所地人民法院管辖。"侵权行为地是指构成侵权行为的法律事实地，包括侵权行为实施地和侵权结果发生地。环境侵权行为具有不同于一般侵权行为的明显特征。环境污染或者生态破坏在多数情形下不是对孤立、静止、单一环境要素所发生的作用，环境侵权行为发生在一个连续的、流动的、具有整体性的生态单元中，环境侵权行为实施地、侵权结果发生地往往跨越多个行政区域。在环境侵权案件的管辖上，如果按照一般侵权案件来适用管辖规则，不但会存在逻辑冲突，而且在诉讼实践中造成法院在证据收集、诉讼保全、利益衡量等方面的现实困难，直接或间接的影响了对环境侵权受害者权益的司法保护力度。

其次，长期按行政区划管理的模式容易造成权力的惯性而滋生地方保护主义，并对法院充分发挥环境侵权司法救济功能产生掣肘，环境侵权受害者权益的保护难免受限。在跨区域、跨流域的污染侵权案件的审理中，这一问题由于地方利益和流域利益之间的冲突而更加突出。不同地区之间的转嫁、转移污染的行为是这类案件发生的一个重要原因，不突破现有管辖体制，环境污染受害者合法权益难以得到有效司法救济，这反过来会严重影响当事人的信心，甚至可能产生新的、大量的涉诉信访。

最高人民法院提出，"推进环境资源专门审判机构的建设，全面加强环境资源审判工作，是为了应对我国环境资源问题日益严峻、人民群众环保意识日益增强以及党中央对于生态文明建设日益重视这一新形势而作出的重大决策"[①]。据有关资料统计，自2007年贵阳市中级人民法院在全国率先设立第一个环保审判庭起至今，全国四级法院共设立环境资源专门审判机构389个[②]，最高人民法院也于2014年7月3日发布《关于全面加强环境资源审判工作为推进生态文明建设提供有力司法保障的意见》，并成立专门的环境资源审判庭，专门审理环境资源民事纠纷。根据环境诉讼专业性和特殊性而设立的专门环境审判机构，对环境污染审判工作实行集中管理，对于促进和保障环境保护法律的全面正确施行，统一司法裁判尺度，维护社会公共利益和人民群众的合法权益等方面均有积极而深远的影响。

依据最高人民法院统计，2011年至2013年，全国法院受理的涉及环境资源类的刑事、民事、行政案件，年均不足3万件。截止到2013年底，我国各级法院共受理了环境公益诉讼53件[③]。专门环境审判机构门可罗雀的现状与其管辖区域与行政区划保持一致有一定的关联性。环境污染、生态破坏的跨区域性需要因地制宜的设置环境审判机构，打破环境保护地方保护主义的藩篱也需要设置跨区域的环境审判机构。

二、海事法院设立环境保护专门审判机构的优势

海事法院设立环境保护专门审判机构，各方面都有着明显优势：

1. 司法解释明确授权。1984年11月4日，最高人民法院颁布实施《关于设立海事法院几个问题的决定》，其中规定"船舶排放有害物质和海上作业措施不当，造成水域污染的损害赔偿案件"由海事法院专属管辖；1989年5月13日，最高人民法院下发《关于海事法院受案范围的规定》，进一步明确"船舶排放、泄露有害物质或者污水，造成水域污染或

---

① 孙佑海："对当前环境资源审判若干问题的分析和对策建议"，载《人民法院报》2014年9月17日第8版。

② 田义文、郭楠："环境公益诉讼审判专门化的实践路径"，载《新西部（理论版）》2015年第24期。

③ 田义文、郭楠："环境公益诉讼审判专门化的实践路径"，载《新西部（理论版）》2015年第24期。

者其他船及货物损害的损害赔偿案件”由海事法院专门管辖；2001 年 8 月 9 日，最高人民法院颁布实施《关于海事法院受理案件范围的若干规定》，再一次强调“船舶排放、泄漏、倾倒油类、污水或者其他有害物质，造成水域污染或者他船、货物及其他财产损失的损害赔偿纠纷案件”和“海上或者通海水域的航运、生产、作业或者船舶建造、修理、拆解或者港口作业、建设，造成水域污染、滩涂污染或者他船、货物及其他财产损失的损害赔偿纠纷案件”由海事法院专门管辖。根据最高人民法院发布的《民事案件案由规定》（法发〔2011〕42 号）文件规定，海事海商纠纷包括船舶污染损害责任纠纷、海上、通海水域污染损害责任纠纷等环保相关纠纷类型。《最高人民法院关于适用〈中华人民共和国民事诉讼法〉的解释》第 285 条确定了水域污染公益诉讼案件专属管辖，该条规定，因污染海洋环境提起的公益诉讼，由污染发生地、损害结果地或者采取预防污染措施地海事法院管辖。上述规定既考虑到水污染案件的固有属性，也考虑到水污染案件在管辖和审理过程中可能存在的多方面的困难，是海事法院对发生在长江流域环境侵权案件依法行使专属管辖权的法律依据。

2. 体制优势明显。海事法院三十年的实践证明，跨区域、跨流域管辖制度是一种行之有效的司法资源配置方式，具有明显的优势：一是为案件说情的少；二是地方领导打招呼的少；三是越级上访、进京上访等非正常上访少；四是聚焦审判主业，参与地方性事务较少；五是高一层级的财政保障减少了法院的后顾之忧。此外，跨区域管辖可以保证在环境污染发生时采取司法措施更加及时有力。例如武汉海事法院审理的“FC 格洛里亚”轮污染事故发生地、扣押船舶所在地、污染结果影响地涉及镇江、南京、上海等不同地点，如果地方法院受理，会涉及不同法院之间的大量协调配合问题，而武汉海事法院在长江上设立的五个派出法庭可以迅速有力的采取扣押船舶等措施。从效率与公正的角度，这种管理体制是一种行之有效的司法资源配置方式。建议最高人民法院在司法解释中明确上级法院可以将跨区域的重大、复杂环境污染案件以指定管辖的方式交由海事法院审理。对于与水污染案件相关的水污染行政案件也应当明确由海事法院专门管辖。

3. 专业优势突出。第一，环境侵权案件的正确审理，涉及损害事实、损失大小与数额以及赔偿责任的查明和划分等方面，技术专业性和法律专业性都很强。可以说，一个具体水资源污染损害纠纷案件的正确处理，必须要求相应的审判人员熟悉与流域水体环境保护相关的各方面专业技术和专业技能。这些专业性问题与履行水资源开发利用、船舶航行、水上安全、环境应急处置、生态保护等行政职能密切相关，也与船舶建造、船舶航行、船舶管理以及水文流态等专业技术和专业技能相关，需要与海事、船检、水上公安、水务等行政机关协作配合来解决。在长期的海事司法实践中，海事法院对这些专业领域的行政事务比较熟悉，还与有些行政部门签订了联动司法协议。武汉海事法院发起组织的长江海商法学会吸引了长江沿线的法律、船舶、航运、鉴定检验等方面的专业人士，可以为环境保护案件的审理提供智力支持。因此，将一审水污染民事和行政案件交由海事法院专门管辖是合理的。第二，一般的环境污染案件专业性强，而海事领域的水污染案件，专业性和特殊性更强。例如环境污染损害赔偿是否属于限制性债权，是否能享受海事赔偿责任限制、船舶在营运中因污染行为产生的财产赔偿请求是否属于船舶优先权范围（载运 2000 吨以上的散装货油的船舶，持有效的证书，证明已经进行油污损害民事责任保险或者具有相应的财务保证的，对其造成的油污损害的赔偿请求，不属于船舶优先权范围，但除此之外的其他情形需要进一步明确）等问题，是海事诉讼中特有的。建议最高人民法院予以充分考虑，在适当时机通过司法解释予以明确。此外，海事诉讼中的海事事故调查表制度、船舶碰撞案件审限为一年等特别规定对环境污染诉讼有重要的借鉴作用。

三、武汉海事法院环境保护审判实践基本情况

长江水资源占全国水资源的 35%，沿江有 220 多座城市，4 亿人饮

用长江水，特别是长江中下游流域是我国人口密度最高、经济活动强度最大、环境压力最严重的流域之一，流域水环境问题日渐突出，饮用水水源和水生态安全面临考验。据有关统计资料，“长江流域现有四十多万家化工企业，分布着五大钢铁基地、七大炼油厂以及三大石油化工基地”[①]，近年来长江水质却每况愈下，连续发生的湖北武汉、江苏靖江等地的停水事件，与长江边的工业污染密切相关。近年来，长江水路运输进入快速发展阶段，无论是船舶航行范围和密度还是货物种类和运量，都出现了快速增长势头，特别是危险品货物吞吐量呈逐年上升趋势。“十一五”期间，长江海事局辖区危险品运输吞吐量1.09亿吨，油类运输占危险品运输总量的77%左右。危险品、油船一旦泄漏，造成的污染危害十分严重且难以处理。湖北省是水资源大省，多江相聚，湖泊众多，享有“千湖之省”美誉，水资源极为丰富。然而，随着经济发展与城市化进程的加快，水污染日益严重，直接影响人民群众的生产生活。为全面贯彻落实党的十八大和十八届三中全会精神，推进全省乃至长江流域环保案件审判的科学发展，设置专门审理水污染案件的审判机构——环境保护审判庭是大势所趋。

长江水系是各要素相互联系的有机整体，武汉海事法院的跨区域管辖符合自然资源的整体性特征和水污染流动性的特点，能够更好地保护长江水环境，突破行政区划的设置还能克服地方保护主义，有助于地方法院与专门法院的合理分工，符合当前司法改革的方向；武汉海事法院管辖范围涉及四川、重庆、湖北、湖南、江西、安徽、江苏六省一市，设立专门的环境保护审判庭，将使湖北法院的环境司法实现“长臂管辖”，起到良好的示范效应，为湖北法院在环境司法保护方面走在全国前列发挥不可替代的作用。

近年来，武汉海事法院妥善审理了一批长江水污染案件。自2010年以来，共立案297件，其中陆源水污染案件53件，船舶水污染244件。

---

① 江曾培：“治理长江水污染要联合应对”，载http：//pinglun. eastday. com/p/20140511/u1a8080569. html，2016年2月29日访问。

结案296件，标的9719万余元。2010年，原告圣洪源等53户渔民以被告江苏镇江发电有限公司发电过程中的取排水行为导致排水口附近水域增温，对渔业资源造成显著影响为由，向武汉海事法院提起诉讼，要求被告赔偿渔民损失总计270余万元。被告辩称取排水行为符合国家标准，要求其承担赔偿责任并无法律依据。鉴于该案属新型案件，没有先例可循，按照“有法依法，无法依政策，无政策依合情合理”原则处理，武汉海事法院最终促成原、被告于2010年8月20日达成调解协议。上述案件入选湖北法院十大环境保护案件。2012年受理韩国籍化学品船“FC格洛里亚（FC GLORIA）”轮违章作业排放有毒化学品污染长江水域纠纷等有重大社会影响的案件，其中财产保全、债权登记、设立海事赔偿责任限制基金等程序已经完结，产生良好的社会效果，目前，由上述污染事故引发的实体案件预计将达240余件，标的额达6800余万元。

2014年8月，湖北省编办正式复函湖北省高院，同意在武汉海事法院试点设立环境审判庭，专审环保诉讼案件。湖北省高级人民法院为统一环境诉讼的审判管辖设置和环境审判模式，于2015年1月下发了《关于全省法院环境资源审判模式与管辖设置方案的通知》（以下简称《通知》）。《通知》规定，由武汉海事法院负责其管辖的湖北省内长江、长江支流水域水污染损害等环境公益诉讼案件的审判以及审理其管辖范围内长江、长江支流水域涉及环境保护的一审环境资源保护类民事案件。经最高人民法院书面答复同意，2015年3月湖北省高级人民法院正式确定由武汉海事法院负责其管辖的湖北省内长江、长江支流水域水污染损害等环境公益诉讼案件的审判。

为了适应环境公益诉讼审判的要求，武汉海事法院已经作为全省法院试点设立了环境资源审判庭，新设立的环境资源审判庭审理其管辖范围内长江、长江支流水域涉及环境保护的一审环境资源保护类民事案件，为审理环境污染案件做好了各项准备工作。2015年11月7日，最高人民法院正式确定在武汉海事法院设立环境资源司法实践基地。

第六章 环境侵权受害者权益司法保护的补充
——环境污染责任保险机制的不足与完善

第一节 我国环境污染责任保险机制的不足

一、环境污染责任保险的界定

伴随着西方国家工业化进程的快速发展、科学技术的广泛运用，人类面临着比以往任何时候都更为严峻的环境污染问题，而相应巨大的赔偿需求创造出了非常广泛地利用保险的新时代。环境污染责任保险是指存在发生环境污染责任事故可能的企业作为被保险人，以其在将来发生的环境污染事故中所应当承担的赔偿责任为保险标的，向保险人支付保费以转移其上述赔偿责任的保险制度，学界也称为“环境责任保险”[①]或“绿色保险”[②]。2007 年 12 月 4 日，原国家环境保护总局和中国保险监督管理委员会联合印发《关于环境污染责任保险工作的指导意见》（环发〔2007〕189 号），提出逐步建立和完善环境污染责任保险制度，并随后启动了环境污染责任保险在江苏、湖北等九省市的试点工作。2013 年 1 月 21 日，环境保护部与中国保险监督管理委员会联合印发的《关于开展环境污染强制责任保险试点工作的指导意见》（“环发〔2013〕10 号”），明确规定环境污染责任保险试点投保企业范围，规范环境污染责任保险条款，确定环保部门和保险监管部门在环境污染责任保险制度中的职责。2015 年 1 月 1 日起施行的《环境保护法》第 52 条原则性规定

① 邹海林：《责任保险论》，法律出版社 1999 年版，第 100 页。
② 秦宁：《中国环境责任保险制度研究》，中国海洋大学出版社 2010 年版，第 59 页。

“国家鼓励投保环境污染责任保险”，在法律层面对环境污染责任保险制度予以了构建。在环境污染责任保险法律关系中，保险人和被保险人通过保险合同确定双方之间的权利义务关系，由保险人对环境污染事故承担赔偿责任，赔偿的范围包括受害人因环境污染事故遭受的人身或者财产损失，被保险人因环境污染事故而发生的必要而且合理的施救费用、清理费用和保险合同约定的其他赔偿责任，赔偿的对象一般不包括被保险人自身，触发保险理赔的原因是环境污染事故的发生，包括突然性、意外性的事故和渐进性、持续性的事故。

二、环境污染责任保险的特点

环境污染责任保险作为一种以被保险人所应承担的赔偿责任为保险标的的责任保险，与通常保险制度中以人身或财产作为保险标的的赔偿责任相比有一定的特殊性。

环境污染侵权责任遵循无过错责任原则。不同于一般侵权行为理论中的过错责任原则，我国民法通则、侵权责任法等法律规定环境污染侵权人在环境污染侵权法律关系中适用无过错责任原则，即侵权人应当就其行为符合法律规定的不承担责任或者减轻责任的情形及其侵权行为与相应的损害之间不存在因果关系承担举证责任，否则将承担对其不利的法律后果。法律如此规定是因为在环境污染责任事故中，侵权人通常经济、科技实力雄厚，掌握有丰富的社会资源，且在涉案领域具有较强的认知能力，而被侵权人往往系分散且弱小的单个个体，在经济实力、认知能力上处于弱势地位，法律上的平等民事主体在实质上并不平等，[①] 一旦环境污染侵权行为发生，被侵权人往往不能或难以证明侵权人就其侵权行为存在过错。

环境污染责任保险涉及的损害金额一般较为巨大。由于自然环境的普遍适用性，环境污染侵权行为往往会损害不特定的多数人、财、物，

① 梁慧星：“从近代民法到现代民法——二十世纪民法回顾”，载《中外法学》1997 年第 2 期。

损失赔偿金额往往较为巨大。例如，2010 年英国石油公司在美国墨西哥湾漏油事故，造成了近 2000 平方公里的油污面积，相关水域的人身、水产品和航行安全受到极大的影响，经济损失以千亿美元计算，英国石油公司为此设立了一笔 200 亿美元的赔偿基金。2013 年日本福岛核电站泄漏事故，造成了大量的人员伤亡损失、人口迁移损失和土地、水域污染损失等，日本政府为此发行了约合人民币 4700 亿元的国债，给予东京电力公司一定的资金用于赔偿附近居民及清除放射污染的费用。因为自然环境的相互影响性，环境污染侵权行为造成的损害后果也经常具有长期影响性的特点。1986 年前苏联切尔诺贝利核泄漏事件的影响至今仍然触目惊心，1952 年爆发的英国伦敦烟雾事件致使几十年来支气管炎、冠心病、肺结核、心脏衰竭死亡人数大幅度上升。

环境污染责任保险具有一定的社会公益性。人类共同拥有一个地球，环境污染损害的是整个社会共同的生存环境，而单个侵权个体承担环境侵权责任的能力往往有限，大多都不能够完全承担环境污染损害赔偿的严重后果，环境污染责任保险可以很好地分散社会风险，将单个个体的风险转移给众多的保险企业，由社会来分担环境污染造成的损害。环境污染责任保险还具有一定的未来性，因环境污染侵权行为损害后果具有一定的潜伏性，对于渐进性、累积性的环境污染事故而言，环境污染损害的发生和侵权结果的显现往往需要几年、几十年甚至更长的时间，造成环境污染的个体有可能在损害结果显现时已经终止，此时，环境污染责任保险人基于对未来风险的预测和控制而承保，能够弥补受害人因环境污染责任主体资格灭失带来的赔偿责任主体灭失的风险，有效保证未来不确定性损害发生时的责任承担。环境污染责任保险还能够起到快速、高效补偿受害人经济损失和治理环境污染的作用。通过环境污染责任保险参与环境污染事故过程的处理，在一定程度上可以省去环境污染各方就损害赔偿进行旷日持久的证据收集、谈判、诉讼等程序，使得受害人及时得到经济补偿，受污染的自然环境及时得到治理，稳定社会秩序，促进社会和谐。

三、我国环境污染责任保险制度的现状

2014 年，我国化学需氧量排放总量为 2294.6 万吨，二氧化硫排放总量为 1974.4 万吨，氮氧化物排放总量为 2078 万吨，工业固体废物产生量为 325620 万吨，环境污染的形势随着经济的快速发展而日益严峻。据不完全统计，2002 年～2012 年十年间我国环境污染事件总计达 17543 起，每年平均发生 1700 多起，95% 以上的环境污染事发企业没有投保环境污染责任保险。① 我国环境污染责任保险从 1991 年开始，先后在大连、沈阳、长春、吉林等城市进行过环境污染责任保险的试点，但范围不大，保险规模也很小，投保企业数量很少，且赔付率极低。② 随着 2007 年 12 月 4 日《关于环境污染责任保险工作的指导意见》和 2013 年 1 月 21 日《关于开展环境污染强制责任保险试点工作的指导意见》等制度的推行和《环境保护法》的实施，各地环保部门和保险管理部门纷纷制定了相关的环境污染责任保险实施方案，重点行业的环境污染强制责任保险和非重点行业的环境污染责任保险在全国范围内已经如火如荼地开展起来。但从实践层面来看，目前我国环境污染责任保险制度在全面铺开和发挥切实作用上还存在一定的障碍。环境污染责任保险制度推进速度缓慢，大多停留在政策层面，缺乏具体的操作细则和方案；相应的配套专业技术机构和技术标准不完善，限制了环境污染责任保险制度的发展；投保企业的积极性不够，很多企业对此知之甚少，甚至有了解的企业也往往不愿意投保；政府在环境污染事故中的职能定位不是很明确。

四、我国环境污染责任保险制度的不足

环境污染责任保险制度的推进和完善需要强有力的法律基石，2015 年 1 月 1 日，环境保护法施行之前，关于环境污染责任保险的全国性立法数量少、涉及面窄、可操作性不强，仅在海洋船舶油污领域的立法相

---

① 唐金成、江宏业：“环境污染责任保险运营模式研究”，载《改革探索》2014 年第 1 期。
② 周纪昌：“我国开发环境责任保险的战略选择”，载《金融理论与实践》2007 年第 5 期。

对完善，《海洋环境保护法》、《防治船舶污染海洋环境管理条例》和《船舶油污损害民事责任保险实施条例》在船舶油污污染保险的建立、具体实施和法律责任等方面进行了相关规定。新修订的环境保护法亦仅为原则性的规定国家鼓励投保环境污染责任保险，相配套的法律体系并未建立，没有法律制度支持的环境污染保险制度推行起来略显底气不足。没有相应法律责任的义务就如一层窗户纸，一捅就破，曾立新考察美国环境污染责任保险历史后判断："美国的环保立法过程以及环境保险的发展证明，如果没有相应的环境立法，或者环境立法对于污染者的责任规定过轻、过松，不仅不利于污染防治，也不会产生对环境污染责任保险的有效需求"①。

就地方性立法而言，《关于环境污染责任保险工作的指导意见》和《关于开展环境污染强制责任保险试点工作的指导意见》颁布以后，大多城市环保部门制定了相应的实施方案，但在内容上大多以鼓励性、原则性规定为主，对具体操作方式和违法行为后果的规定并不具体。2015 年 4 月 8 日，江苏省南京市人民政府批准实施的《南京市开展环境污染强制责任保险实施办法》是迄今为止通过公开途径查到关于环境污染强制责任保险规定得较为具体的地方性规章，规定了投保强制污染责任保险的行业和企事业单位类型，确定了保险企业组建"保险公司共同保险联合体"的共同保险方式和保费分类、分级价格体系，但投保企业名录的制定、保险条款的拟定及相关违法的法律后果均无涉及，其实际执行效果在一定程度上还有待于相关配套措施的完善。

现行我国环境污染责任保险制度推行的困境还在于环境污染责任保险制度中保险人和投保人的积极性不高。环境污染保险事故发生后，涉及的人身伤亡、财产损失一般较为严重，后续的治理费用也较为巨大，保险公司所需负担的理赔风险较高。而同时，环境污染责任保险制度在我国处于起步阶段，保险公司和保险经纪公司还缺乏企业环境污染风险

① 曾立新："美国环境污染责任保险发展的法律背景"，载《世界环境》2011 年第 4 期。

评估经验和相关专业技术人员，相关的保险产品、保费厘定、保险赔付、代位追偿、再保险制度等还不成熟，较之成熟的保险产品而言保险成本提高，保险企业参与态度谨慎。环境污染保险事故的发生从概率上来说并非大众，小企业从自身成本考虑，对于需要支付保费的环境污染责任保险往往表现出有心无力或者存在侥幸逃避的心理，缺乏内在积极性，难以推广。另一方面，大型重点企业往往自己已经建立了比较完善的内部风险管控体系，自身财力也比较雄厚，在化解和抵抗环境污染事故方面具有较强的能力，对投保环境污染责任保险往往也不感兴趣。

现行我国环境污染责任保险制度推行的难点还在于相应的国家配套政策不够。环境污染责任保险制度推行之初，各项法律政策不是很完善，相关配套资金的确定、使用和监管制度缺失，激励投保企业和保险企业的手段措施不够丰富，对企业主动参与到环境污染责任保险制度建设中来的吸引力不够。考虑到环境污染责任保险具有较强的社会公益性和鼓励更多企业参与进来的因素，在试点阶段有必要制定可行的优惠政策，对两类企业（投保企业和保险企业）予以支持。① 现行地方层面有些省市已经制定了相关优惠政策，武汉市设立了专项补贴，河北省将其与绿色信贷挂钩等，尽管如此，虽然目前部分省市给予了一定的政策支持，但主要停留在给予投保企业保费补贴层面，缺乏税收以及风险保障基金等深层次的支持措施。②

五、建立和完善环境污染责任保险制度的意义

保险是集合同类风险聚集资金建立基金，对特定风险的后果提供经济保障的一种风险财务转移机制。③ 重金属污染风险已成为特定行业在生产生活中防治环境污染时无法忽视的客观存在，随着整个社会对环境污

① 周道许："发挥保险作用建设绿色经济—关于建立我国环境污染责任保险制度的若干思考"，载：http：//finance. sina. com. cn/stock/t/20091209/01027074940. shtml，2015 年 9 月 18 日访问。

② 吴焰："环境污染责任险可助力低碳经济发展"，载 http：//news. hexun. com/2010 - 03 - 08/122893653. html，2015 年 9 月 18 日访问。

③ 张洪涛、郑功成：《保险学》，中国人民大学出版社 2000 年版，第 66 页。

染的认知能力和环境污染保护机构执法水平的不断提高，企业因环境污染带来的经营风险和经营成本也在不断的增加，通过适当的市场手段转移或者限制环境污染责任风险以应对激烈的市场竞争，成为了此类企业的迫切需求。环境污染责任保险有助于降低企业经营风险，保障企业持续经营。切实推行环境污染责任保险制度，企业可以通过负担少量可确定的投保成本以避免未来不确定的环境污染损害赔偿的风险，保证生产生活活动的可持续长期稳定开展，从而减少企业因环境污染损害赔偿责任过重的拖累甚至破产而给社会经济的发展带来严重影响。同时，环境污染责任保险制度也可以促使保险人为了利益的最大化而帮助被保险人建立和完善环境污染预防控制体系，形成保险利益维护和社会环境污染防控的良性循环。

环境污染责任保险制度对环境污染损害赔偿的快速实现，社会秩序的和谐稳定等方面也具有非常重要的现实意义。在我国现行侵权责任法律体系中，环境污染受害者可以通过侵权损害赔偿诉讼等法律途径予以寻求救济，但是环境污染事故往往具有较强的专业性、技术性、长期潜伏性等特点，环境污染损害赔偿诉讼案件需要受害人有较强的财力去收集证据、较长的时间去参与诉讼，在客观上增加了受害人获得诉讼赔偿的难度。同时，即便受害人最终赢得了诉讼，也有可能由于赔偿责任主体赔偿责任能力有限、故意拖延赔偿等原因，无法及时足额的获得赔偿。在环境污染责任保险制度中，保险企业能够及时的向受害人支付环境污染损害赔偿，有效解决因环境污染损害赔偿不及时、不足额而给受害人带来的影响。另一方面，环境污染事故的受害人往往众多，容易形成群体性事件，最终造成政府为企业环境污染行为买单的结果，此既非解决问题的长久之计，也系对每一位纳税人公平合法权利的侵犯。通过环境污染责任保险等市场化途径，分散企业环境污染风险，既履行了企业的环境保护责任，也有利于政府更好的充分利用有限的财政资源。

第二节　完善我国环境污染责任保险机制的建议

尽管我国环境污染责任保险制度已经取得了阶段性的进展，但是较之发达国家和我们的目标还任重而道远，从成熟的市场经验来看，环境污染责任保险已成为一种行之有效的防治污染的经济制度，从我们实现中华民族伟大复兴的国情出发，借鉴国外的历史教训和先进经验，形成并完善具有中国特色的环境污染责任保险制度还需要社会各界的共同努力探索。

一、完善法律制度建设，为环境污染责任保险提供坚实的制度保障

2015 年 1 月 1 日《环境保护法》的实施，宣告我国环境污染责任保险立法进入了崭新的阶段，未来结合环境保护各个领域的自然特点，分别明确环境污染责任保险制度在各个领域的突出作用，具体制定环境污染责任保险制度在各个领域的实施细则，不断充实环境保护法倡导性条款，在各环境领域形成环境污染责任保险法律制度的完整体系。具体而言，在现行《环境保护法》《海洋环境保护法》等基础上，进一步修订和完善《大气污染防治法》《环境污染责任保险法》《土壤环境保护法》等法律，并据此根据需要制定专门领域环境污染责任保险的具体实施办法和细则等。另外，规范和保障保险机构和中介机构参与环境污染责任保险的法律、法规和规章制度目前还没有起步，各级政府及职能部门在环境污染责任保险中的地位和作用也需要通过规范的形式予以确定，以便更好地为环境污染责任保险服务。

二、实行强制险为主，任意险为辅的保险模式

根据重点行业环境污染防治的需要及环境污染责任保险的实施方式和要求，结合环境污染企业为防治环境污染而缔结环境污染责任保险合

同的意愿，环境污染责任保险分为自愿环境污染责任保险和强制环境污染责任保险。在我国保险市场发展水平尚低、环境污染责任保险机制尚不健全的情况下，盲目要求社会保险全面介入环境污染责任保险业务是不现实的。目前，针对我国环境污染防治的特点，在重金属等重点行业实行环境污染强制责任保险，在石油天然气开发、危险化学品的运输、储存、危险废弃物的处置等高风险行业实行环境污染任意险的保险模式具有现实可行性。

基于对现行科学技术的认知程度和未来社会环境污染风险的担忧，重金属等重点行业的环境污染强制责任保险制度顺应未来风险社会而产生，具有较强的生命力。从世界范围来看，在重点行业实行环境污染强制责任保险制度已成惯例。在海洋石油污染、有毒有害物质和废弃物的储存和处置等方面，美国采取环境污染强制责任保险制度，强制性的环境侵权责任保险制度在德国也占据了主导地位。[①] 英国在油污损害和核反应堆事故方面也实行环境污染强制责任保险。我国自 2007 年开展环境污染责任保险试点工作以来，在重点行业实行环境污染强制责任保险制度已经得到了理论和实务上的广泛认可，2013 年环保部和保监会联合颁布《关于开展环境污染强制责任保险试点工作的指导意见》，重金属等重点行业的环境污染强制责任保险制度已在全国范围内推行。

环境污染强制责任保险突破了契约自由的一般性特点，在投保人和保险人之间设定强制性的义务，其实施必须以法律为依据。法学理论发展至今，为公共利益的需要，对个人的合法权利进行适当的限制已成为共识，环境污染强制责任保险本质上是对投保人、保险人自由参与保险的权利予以了限制，此种限制在法律上应当有明确的体现。具体表现在：一方面，法律规定范围内的企业必须投保环境污染强制责任保险；另一方面，法律规定范围内的保险公司必须开展环境污染强制责任保险业务，对于符合法律规定条件的投保要求，保险公司必须承保，并且在一般情

① 张梓太、张乾红："我国环境侵权责任保险制度之构建"，载《法学研究》2006 年第 3 期。

况下不能解除环境污染强制责任保险合同，否则，违法行为人将承担法律规定的不利后果。

环境污染强制责任保险虽然在性质上属于商业保险，但却具有一定程度上的社会公益性，是一种借鉴了社会保险特点的特殊的商业保险。[①]由于重点行业的特点，其环境污染责任保险的成本高于其他行业，无论投保人还是保险人均没有内在的保险积极性，但从社会公益考虑，通过法律规定的形式调整保险的供需关系，确定保险人与投保人订立保险合同、商定保险范围的法律义务。出于对社会公共利益的维护，许多国家强制环境污染责任保险费率的设定都遵循不盈不亏的原则，将强制责任保险经营中所获得的收益用以平衡保险经营的收支。环境污染强制责任保险系一种通过市场化的运作来平衡国家、企业、个人之间的利益关系，综合使用行政手段和市场手段，调动各方积极性，以商业保险来补充社会保险的工具。

环境污染强制责任保险从环境污染责任自由保险发展而来，在非重点行业充分利用市场的调节手段有利于实现经济利益和社会利益的和谐统一。在环境污染风险较小或未来风险预知能力较强的领域，由企业根据自身的风险管控能力和保险企业盈利的预期考虑自行协商保险合同的签订可以充分适应市场经济的需要。投保人为了降低自身因环境污染而对第三人承担侵权责任的风险，尽力控制污染风险，增加和保险人谈判的筹码。保险人可以通过灵活制定保费，尽量获取多的保单数量，提高经营效益。

环境污染责任保险制度实施过程中，还应当根据科学技术的进步程度和对未来风险的认知程度的不同，灵活调整实施强制责任保险的行业和企业范围，实现环境污染强制责任保险和环境污染商业保险之间的良性互动和相互促进。

---

① 郭锋、杨华柏、胡晓珂、陈飞：《强制保险立法研究》，人民法院出版社2009年版，第15页。

三、环境污染强制责任保险的限额责任

环境污染责任保险是对损害的一种经济补偿，没有客观价值标准，通常环境污染承担的对环境的治理费用和对人身伤害和财产损失所应承担的赔偿责任金额都非常巨大，国外的主流做法是采用环境污染责任限额制度，即保险人按照保单约定的限额进行赔付，对超出保险人所承担的限额的部分，环境污染企业仍然要承担赔偿责任。在非重点行业的环境污染责任保险中，因实行在市场机制调节下的保险双方自愿签订和履行的机制，是否实施赔偿责任限额由保险双方自由协商，并非本文在此讨论的范畴。重点领域的环境污染强制责任保险实行赔偿限额制度有利于该制度的推行，带有一定社会公益性质的强制责任保险制度把保险公司推上前台，面对未来不可预知的风险和赔偿责任，保险公司必然畏缩不敢前行，实行强制责任保险赔偿责任限额，明确保险公司的最大赔偿责任，保险公司对其经营风险可以做出更加精确的分析判断，对最终保费的厘定也有更加明确的依据，对调整保险合同双方的供需关系可以起到一定的调节作用。同时，强制责任保险赔偿限额也能够打消投保企业投保后高枕无忧的心理，促使企业更好的履行环境保护义务。目前，我国环境污染强制责任保险的规范性文件中大多规定了环境污染保险的责任限额制度，《关于开展环境污染强制责任保险试点工作的指导意见》中规定："投保企业应当根据本企业环境风险水平、发生污染事故可能造成的损害范围等因素，确定足以赔付环境污染损失的责任限额，并据此投保"。许多省市也制定了具体的环境污染强制责任保险赔偿限额，如江苏省南京市在《南京市开展环境污染强制责任保险实施办法》中规定环境污染强制责任保险保险金额设置分为100万元、200万元、500万元、800万元、1000万元、2000万元、4000万元七档。广东省在五个重点行业设立最低100万元、最高1500万元的环境污染强制责任保险赔偿限额。陕西省设置了100万元至6000万元九档环境污染强制责任保险赔偿限额。

四、设立政府主导的专业的保险机构及加大政府支持力度

我国现行环境污染责任保险只限于突发性、意外性的环境污染事故，而大部分环境污染事故都有渐进性、持续性和累积性的特点，此类环境污染事故造成的危害后果往往较之突发性污染事故造成的危害后果更为严重，保险公司只承保突发性环境污染事故使得保险责任范围过窄，但在环境污染责任保险制度起步之时即将渐进性、持续性和累积性的环境污染事故纳入强制责任保险的范畴势必给保险人的风险经营能力带来巨大的挑战。为此，借鉴国外先进经验，可以由政府牵头组织成立共保联合体或成立专业保险机构予以承保。1988 年，美国成立了一家专门的保险集团（环境保护保险公司），由该公司对被保险人发生的突发、意外的环境污染事故和第三者责任及费用等予以承保。此类由政府牵头组织成立的保险机构所需交纳保费少、承保额度低，轻微程度的环境污染风险可以得到有效转移，但当环境污染损害赔偿额巨大时，其所能发挥的作用也较为有限。1977 年，法国保险公司联合他国保险公司组成环境污染再保险联盟，除承保突发性、意外性环境污染损害赔偿责任外，还承保渐进性、持续性和累积性环境污染事故所导致的损害赔偿责任。1989 年，法国保险业由 50 个保险人和 15 个再保险人组建了高风险污染保险集团，联合形成恐怖的承保能力。江苏省南京市开展环境污染强制责任保险实施办法中规定环境污染强制责任保险采用“专业承办、集体投保、共同承保”的运作模式。由该市环境保护行政主管部门或委托相关社团组织选定保险经纪公司，并组建“保险公司共同保险联合体”共同承保。

在现行环境污染责任保险制度下，加大政府财政投入力度也是有效途径之一。加大对参与环境污染责任保险企业的财政补贴力度，通过直接保费补贴，降低投保企业的成本和风险，通过对环境污染损失巨大的保险赔偿给予财政支持，提高企业参与环境污染责任保险的积极性；在税收等政策上给予参与环境污染责任保险的企业一定比例的优惠，刺激环境污染责任保险业务的开展和深入；通过奖优罚劣等手段对环境污染

责任保险投保企业予以支持，在银行等金融机构的信贷支持等方面给予优先考虑，提升环境污染责任保险的吸引力。目前，浙江省宁波市和广东省深圳市已经通过财政专项资金对环境污染责任保险投保企业予以保费补贴支持，取得了良好的社会效果。

五、完善环境污染风险评估体系，制定科学赔付标准

环境污染责任保险的推进与环境污染风险评估体系和环境污染损害赔偿标准的建立和完善息息相关。目前我国环境污染责任保险制度中，尚未制定环境污染风险评估方法、环境污染损害认定和赔偿标准等规范，在开展环境污染保险业务过程中，各家保险公司纷纷从保护自身利益的角度出发，根据其自身的风险认知程度制定保险条款，致使保险标准不一、保险赔偿范围较窄、免责条款过多，一定程度上削弱了该保险制度的公益性和社会性，凸现了其盈利性。至今，环境保护部联合中国保监会已经印发《环境风险评估技术指南——氯碱企业环境风险等级划分方法》、《环境风险评估技术指南——硫酸行业环境风险等级划分方法（试行)》等风险评估技术规范，但在合成氨、造纸等行业的企业环境污染风险评估技术规范尚未出台，争取早日推出标准，为环境污染责任保险产品的设计和定价提供依据。

制定强制投保企业名录也是建立和完善环境污染风险评估体系的重要组成部分。环境污染责任保险主要适用于高环境污染风险领域和企业，我国目前主要规定了涉重金属企业的强制投保行业范围，各地应当根据当地的具体情况并结合高污染、高环境风险行业的经济贡献、污染排放、污染事故发生率、技术进步、社会影响等因素，确定投保环境污染责任保险企业名录。

完善环境污染风险评估体系还需要建立环境污染风险源评估机制和培养环境污染损害评价中介机构。环境污染责任保险制度的发展依赖于环境污染风险客观评估体系的建立和完善，需要有能够对环境污染风险进行有效管理、环境污染事故损害高效客观鉴定与损失认定的中介机构。

由于环境污染事故具有损失范围大、技术要求高、涉及群体多等特点，环境污染事故一旦发生，就会涉及大范围的证据调取和收集、技术鉴定、损失评估等，此类事项都需要客观公正的第三方评估鉴定机构。

六、完善环境污染责任保险制度相应的其他配套制度建设

出于控制环境污染责任保险经营风险的目的，大多环境污染责任保险设立了损害赔偿责任限额，在环境污染损害赔偿责任超出了保险赔偿限额，且环境污染责任主体无力赔付额外损失的情况下，可以设立环境污染赔偿责任基金，在保险赔付和责任人赔偿之外对重大环境污染损害赔偿承担补充责任。环境污染赔偿责任基金可以通过多种渠道筹集建立，一是由国家财政直接拨付设立；二是可以通过相关的环境污染税收中提取设立。

再保险也是一种有效分散和分摊原保险公司风险的重要方式，环境污染责任保险的再保险可以将环境污染责任风险部分转嫁给其他保险人。鉴于我国当前再保险市场的基础和环境较为薄弱，环境污染责任再保险业务亦未得到有效开展，可以先由国家设立或者指定环境污染责任的再保险公司，为建立政策性环境污染责任再保险体系积累经验、培育市场，最终逐步建立完善的市场化的环境污染再保险体系。

附录

中华人民共和国环境保护法

（1989 年 12 月 26 日第七届全国人民代表大会常务委员会第十一次会议通过　2014 年 4 月 24 日第十二届全国人民代表大会常务委员会第八次会议修订　2014 年 4 月 24 日中华人民共和国主席令第 9 号公布　自 2015 年 1 月 1 日起施行）

目　　录

第一章　总　　则

第一条　为保护和改善环境，防治污染和其他公害，保障公众健康，推进生态文明建设，促进经济社会可持续发展，制定本法。

第二条　本法所称环境，是指影响人类生存和发展的各种天然的和经过人工改造的自然因素的总体，包括大气、水、海洋、土地、矿藏、森林、草原、湿地、野生生物、自然遗迹、人文遗迹、自然保护区、风景名胜区、城市和乡村等。

第三条　本法适用于中华人民共和国领域和中华人民共和国管辖的

其他海域。

第四条 保护环境是国家的基本国策。

国家采取有利于节约和循环利用资源、保护和改善环境、促进人与自然和谐的经济、技术政策和措施，使经济社会发展与环境保护相协调。

第五条 环境保护坚持保护优先、预防为主、综合治理、公众参与、损害担责的原则。

第六条 一切单位和个人都有保护环境的义务。

地方各级人民政府应当对本行政区域的环境质量负责。

企业事业单位和其他生产经营者应当防止、减少环境污染和生态破坏，对所造成的损害依法承担责任。

公民应当增强环境保护意识，采取低碳、节俭的生活方式，自觉履行环境保护义务。

第七条 国家支持环境保护科学技术研究、开发和应用，鼓励环境保护产业发展，促进环境保护信息化建设，提高环境保护科学技术水平。

第八条 各级人民政府应当加大保护和改善环境、防治污染和其他公害的财政投入，提高财政资金的使用效益。

第九条 各级人民政府应当加强环境保护宣传和普及工作，鼓励基层群众性自治组织、社会组织、环境保护志愿者开展环境保护法律法规和环境保护知识的宣传，营造保护环境的良好风气。

教育行政部门、学校应当将环境保护知识纳入学校教育内容，培养学生的环境保护意识。

新闻媒体应当开展环境保护法律法规和环境保护知识的宣传，对环境违法行为进行舆论监督。

第十条 国务院环境保护主管部门，对全国环境保护工作实施统一监督管理；县级以上地方人民政府环境保护主管部门，对本行政区域环境保护工作实施统一监督管理。

县级以上人民政府有关部门和军队环境保护部门，依照有关法律的规定对资源保护和污染防治等环境保护工作实施监督管理。

第十一条 对保护和改善环境有显著成绩的单位和个人，由人民政府给予奖励。

第十二条 每年6月5日为环境日。

第二章 监督管理

第十三条 县级以上人民政府应当将环境保护工作纳入国民经济和社会发展规划。

国务院环境保护主管部门会同有关部门，根据国民经济和社会发展规划编制国家环境保护规划，报国务院批准并公布实施。

县级以上地方人民政府环境保护主管部门会同有关部门，根据国家环境保护规划的要求，编制本行政区域的环境保护规划，报同级人民政府批准并公布实施。

环境保护规划的内容应当包括生态保护和污染防治的目标、任务、保障措施等，并与主体功能区规划、土地利用总体规划和城乡规划等相衔接。

第十四条 国务院有关部门和省、自治区、直辖市人民政府组织制定经济、技术政策，应当充分考虑对环境的影响，听取有关方面和专家的意见。

第十五条 国务院环境保护主管部门制定国家环境质量标准。

省、自治区、直辖市人民政府对国家环境质量标准中未作规定的项目，可以制定地方环境质量标准；对国家环境质量标准中已作规定的项目，可以制定严于国家环境质量标准的地方环境质量标准。地方环境质量标准应当报国务院环境保护主管部门备案。

国家鼓励开展环境基准研究。

第十六条 国务院环境保护主管部门根据国家环境质量标准和国家经济、技术条件，制定国家污染物排放标准。

省、自治区、直辖市人民政府对国家污染物排放标准中未作规定的项目，可以制定地方污染物排放标准；对国家污染物排放标准中已作规定的项目，可以制定严于国家污染物排放标准的地方污染物排放标准。地方污染物排放标准应当报国务院环境保护主管部门备案。

第十七条 国家建立、健全环境监测制度。国务院环境保护主管部门制定监测规范，会同有关部门组织监测网络，统一规划国家环境质量监测站（点）的设置，建立监测数据共享机制，加强对环境监测的管理。

有关行业、专业等各类环境质量监测站（点）的设置应当符合法律法规规定和监测规范的要求。

监测机构应当使用符合国家标准的监测设备，遵守监测规范。监测机构及其负责人对监测数据的真实性和准确性负责。

第十八条 省级以上人民政府应当组织有关部门或者委托专业机构，对环境状况进行调查、评价，建立环境资源承载能力监测预警机制。

第十九条 编制有关开发利用规划，建设对环境有影响的项目，应当依法进行环境影响评价。

未依法进行环境影响评价的开发利用规划，不得组织实施；未依法进行环境影响评价的建设项目，不得开工建设。

第二十条 国家建立跨行政区域的重点区域、流域环境污染和生态破坏联合防治协调机制，实行统一规划、统一标准、统一监测、统一的防治措施。

前款规定以外的跨行政区域的环境污染和生态破坏的防治，由上级人民政府协调解决，或者由有关地方人民政府协商解决。

第二十一条 国家采取财政、税收、价格、政府采购等方面的政策和措施，鼓励和支持环境保护技术装备、资源综合利用和环境服务等环境保护产业的发展。

第二十二条 企业事业单位和其他生产经营者，在污染物排放符合法定要求的基础上，进一步减少污染物排放的，人民政府应当依法采取财政、税收、价格、政府采购等方面的政策和措施予以鼓励和支持。

第二十三条 企业事业单位和其他生产经营者，为改善环境，依照有关规定转产、搬迁、关闭的，人民政府应当予以支持。

第二十四条 县级以上人民政府环境保护主管部门及其委托的环境监察机构和其他负有环境保护监督管理职责的部门，有权对排放污染物的企业事业单位和其他生产经营者进行现场检查。被检查者应当如实反映情况，提供必要的资料。实施现场检查的部门、机构及其工作人员应当为被检查者保守商业秘密。

第二十五条 企业事业单位和其他生产经营者违反法律法规规定排放污染物，造成或者可能造成严重污染的，县级以上人民政府环境保护主管部门和其他负有环境保护监督管理职责的部门，可以查封、扣押造成污染物排放的设施、设备。

第二十六条 国家实行环境保护目标责任制和考核评价制度。县级以上人民政府应当将环境保护目标完成情况纳入对本级人民政府负有环境保护监督管理职责的部门及其负责人和下级人民政府及其负责人的考核内容，作为对其考核评价的重要依据。考核结果应当向社会公开。

第二十七条 县级以上人民政府应当每年向本级人民代表大会或者人民代表大会常务委员会报告环境状况和环境保护目标完成情况，对发生的重大环境事件应当及时向本级人民代表大会常务委员会报告，依法接受监督。

第三章 保护和改善环境

第二十八条 地方各级人民政府应当根据环境保护目标和治理任务，采取有效措施，改善环境质量。

未达到国家环境质量标准的重点区域、流域的有关地方人民政府，应当制定限期达标规划，并采取措施按期达标。

第二十九条 国家在重点生态功能区、生态环境敏感区和脆弱区等区域划定生态保护红线，实行严格保护。

各级人民政府对具有代表性的各种类型的自然生态系统区域，珍稀、濒危的野生动植物自然分布区域，重要的水源涵养区域，具有重大科学文化价值的地质构造、著名溶洞和化石分布区、冰川、火山、温泉等自然遗迹，以及人文遗迹、古树名木，应当采取措施予以保护，严禁破坏。

第三十条 开发利用自然资源，应当合理开发，保护生物多样性，保障生态安全，依法制定有关生态保护和恢复治理方案并予以实施。

引进外来物种以及研究、开发和利用生物技术，应当采取措施，防止对生物多样性的破坏。

第三十一条 国家建立、健全生态保护补偿制度。

国家加大对生态保护地区的财政转移支付力度。有关地方人民政府应当落实生态保护补偿资金，确保其用于生态保护补偿。

国家指导受益地区和生态保护地区人民政府通过协商或者按照市场规则进行生态保护补偿。

第三十二条 国家加强对大气、水、土壤等的保护，建立和完善相应的调查、监测、评估和修复制度。

第三十三条 各级人民政府应当加强对农业环境的保护，促进农业环境保护新技术的使用，加强对农业污染源的监测预警，统筹有关部门采取措施，防治土壤污染和土地沙化、盐渍化、贫瘠化、石漠化、地面沉降以及防治植被破坏、水土流失、水体富营养化、水源枯竭、种源灭绝等生态失调现象，推广植物病虫害的综合防治。

县级、乡级人民政府应当提高农村环境保护公共服务水平，推动农村环境综合整治。

第三十四条 国务院和沿海地方各级人民政府应当加强对海洋环境的保护。向海洋排放污染物、倾倒废弃物，进行海岸工程和海洋工程建设，应当符合法律法规规定和有关标准，防止和减少对海洋环境的污染损害。

第三十五条 城乡建设应当结合当地自然环境的特点，保护植被、水域和自然景观，加强城市园林、绿地和风景名胜区的建设与管理。

第三十六条 国家鼓励和引导公民、法人和其他组织使用有利于保护环境的产品和再生产品，减少废弃物的产生。

国家机关和使用财政资金的其他组织应当优先采购和使用节能、节水、节材等有利于保护环境的产品、设备和设施。

第三十七条 地方各级人民政府应当采取措施，组织对生活废弃物的分类处置、回收利用。

第三十八条 公民应当遵守环境保护法律法规，配合实施环境保护措施，按照规定对生活废弃物进行分类放置，减少日常生活对环境造成的损害。

第三十九条 国家建立、健全环境与健康监测、调查和风险评估制度；鼓励和组织开展环境质量对公众健康影响的研究，采取措施预防和控制与环境污染有关的疾病。

第四章 防治污染和其他公害

第四十条 国家促进清洁生产和资源循环利用。

国务院有关部门和地方各级人民政府应当采取措施，推广清洁能源的生产和使用。

企业应当优先使用清洁能源，采用资源利用率高、污染物排放量少的工艺、设备以及废弃物综合利用技术和污染物无害化处理技术，减少污染物的产生。

第四十一条 建设项目中防治污染的设施，应当与主体工程同时设计、同时施工、同时投产使用。防治污染的设施应当符合经批准的环境影响评价文件的要求，不得擅自拆除或者闲置。

第四十二条 排放污染物的企业事业单位和其他生产经营者，应当采取措施，防治在生产建设或者其他活动中产生的废气、废水、废渣、医疗废物、粉尘、恶臭气体、放射性物质以及噪声、振动、光辐射、电磁辐射等对环境的污染和危害。

排放污染物的企业事业单位，应当建立环境保护责任制度，明确单位负责人和相关人员的责任。

重点排污单位应当按照国家有关规定和监测规范安装使用监测设备，保证监测设备正常运行，保存原始监测记录。

严禁通过暗管、渗井、渗坑、灌注或者篡改、伪造监测数据，或者不正常运行防治污染设施等逃避监管的方式违法排放污染物。

第四十三条 排放污染物的企业事业单位和其他生产经营者，应当按照国家有关规定缴纳排污费。排污费应当全部专项用于环境污染防治，任何单位和个人不得截留、挤占或者挪作他用。

依照法律规定征收环境保护税的，不再征收排污费。

第四十四条 国家实行重点污染物排放总量控制制度。重点污染物排放总量控制指标由国务院下达，省、自治区、直辖市人民政府分解落实。企业事业单位在执行国家和地方污染物排放标准的同时，应当遵守分解落实到本单位的重点污染物排放总量控制指标。

对超过国家重点污染物排放总量控制指标或者未完成国家确定的环境质量目标的地区，省级以上人民政府环境保护主管部门应当暂停审批其新增重点污染物排放总量的建设项目环境影响评价文件。

第四十五条 国家依照法律规定实行排污许可管理制度。

实行排污许可管理的企业事业单位和其他生产经营者应当按照排污许可证的要求排放污染物；未取得排污许可证的，不得排放污染物。

第四十六条 国家对严重污染环境的工艺、设备和产品实行淘汰制度。任何单位和个人不得生产、销售或者转移、使用严重污染环境的工艺、设备和产品。

禁止引进不符合我国环境保护规定的技术、设备、材料和产品。

第四十七条 各级人民政府及其有关部门和企业事业单位，应当依照《中华人民共和国突发事件应对法》的规定，做好突发环境事件的风险控制、应急准备、应急处置和事后恢复等工作。

县级以上人民政府应当建立环境污染公共监测预警机制，组织制定预警方案；环境受到污染，可能影响公众健康和环境安全时，依法及时公布预警信息，启动应急措施。

企业事业单位应当按照国家有关规定制定突发环境事件应急预案，报环境保护主管部门和有关部门备案。在发生或者可能发生突发环境事件时，企业事业单位应当立即采取措施处理，及时通报可能受到危害的单位和居民，并向环境保护主管部门和有关部门报告。

突发环境事件应急处置工作结束后，有关人民政府应当立即组织评估事件造成的环境影响和损失，并及时将评估结果向社会公布。

第四十八条 生产、储存、运输、销售、使用、处置化学物品和含有放射性物质的物品，应当遵守国家有关规定，防止污染环境。

第四十九条 各级人民政府及其农业等有关部门和机构应当指导农业生产经营者科学种植和养殖，科学合理施用农药、化肥等农业投入品，科学处置农用薄膜、农作物秸秆等农业废弃物，防止农业面源污染。

禁止将不符合农用标准和环境保护标准的固体废物、废水施入农田。施用农药、化肥等农业投入品及进行灌溉，应当采取措施，防止重金属和其他有毒有害物质污染环境。

畜禽养殖场、养殖小区、定点屠宰企业等的选址、建设和管理应当符合有关法律法规规定。从事畜禽养殖和屠宰的单位和个人应当采取措施，对畜禽粪便、尸体和污水等废弃物进行科学处置，防止污染环境。

县级人民政府负责组织农村生活废弃物的处置工作。

第五十条 各级人民政府应当在财政预算中安排资金，支持农村饮用水水源地保护、生活污水和其他废弃物处理、畜禽养殖和屠宰污染防治、土壤污染防治和农村工矿污染治理等环境保护工作。

第五十一条 各级人民政府应当统筹城乡建设污水处理设施及配套管网，固体废物的收集、运输和处置等环境卫生设施，危险废物集中处置设施、场所以及其他环境保护公共设施，并保障其正常运行。

第五十二条 国家鼓励投保环境污染责任保险。

第五章 信息公开和公众参与

第五十三条 公民、法人和其他组织依法享有获取环境信息、参与和监督环境保护的权利。

各级人民政府环境保护主管部门和其他负有环境保护监督管理职责的部门，应当依法公开环境信息、完善公众参与程序，为公民、法人和其他组织参与和监督环境保护提供便利。

第五十四条 国务院环境保护主管部门统一发布国家环境质量、重点污染源监测信息及其他重大环境信息。省级以上人民政府环境保护主管部门定期发布环境状况公报。

县级以上人民政府环境保护主管部门和其他负有环境保护监督管理职责的部门，应当依法公开环境质量、环境监测、突发环境事件以及环境行政许可、行政处罚、排污费的征收和使用情况等信息。

县级以上地方人民政府环境保护主管部门和其他负有环境保护监督管理职责的部门，应当将企业事业单位和其他生产经营者的环境违法信息记入社会诚信档案，及时向社会公布违法者名单。

第五十五条 重点排污单位应当如实向社会公开其主要污染物的名称、排放方式、排放浓度和总量、超标排放情况，以及防治污染设施的建设和运行情况，接受社会监督。

第五十六条 对依法应当编制环境影响报告书的建设项目，建设单位应当在编制时向可能受影响的公众说明情况，充分征求意见。

负责审批建设项目环境影响评价文件的部门在收到建设项目环境影响报告书后，除涉及国家秘密和商业秘密的事项外，应当全文公开；发现建设项目未充分征求公众意见的，应当责成建设单位征求公众意见。

第五十七条 公民、法人和其他组织发现任何单位和个人有污染环境和破坏生态行为的，有权向环境保护主管部门或者其他负有环境保护监督管理职责的部门举报。

公民、法人和其他组织发现地方各级人民政府、县级以上人民政府环境保护主管部门和其他负有环境保护监督管理职责的部门不依法履行职责的，有权向其上级机关或者监察机关举报。

接受举报的机关应当对举报人的相关信息予以保密，保护举报人的合法权益。

第五十八条 对污染环境、破坏生态，损害社会公共利益的行为，符合下列条件的社会组织可以向人民法院提起诉讼：

（一）依法在设区的市级以上人民政府民政部门登记；

（二）专门从事环境保护公益活动连续五年以上且无违法记录。

符合前款规定的社会组织向人民法院提起诉讼，人民法院应当依法受理。

提起诉讼的社会组织不得通过诉讼牟取经济利益。

第六章 法律责任

第五十九条 企业事业单位和其他生产经营者违法排放污染物，受到罚款处罚，被责令改正，拒不改正的，依法作出处罚决定的行政机关可以自责令改正之日的次日起，按照原处罚数额按日连续处罚。

前款规定的罚款处罚，依照有关法律法规按照防治污染设施的运行成本、违法行为造成的直接损失或者违法所得等因素确定的规定执行。

地方性法规可以根据环境保护的实际需要，增加第一款规定的按日连续处罚的违法行为的种类。

第六十条 企业事业单位和其他生产经营者超过污染物排放标准或者超过重点污染物排放总量控制指标排放污染物的，县级以上人民政府环境保护主管部门可以责令其采取限制生产、停产整治等措施；情节严重的，报经有批准权的人民政府批准，责令停业、关闭。

第六十一条 建设单位未依法提交建设项目环境影响评价文件或者环境影响评价文件未经批准，擅自开工建设的，由负有环境保护监督管理职责的部门责令停止建设，处以罚款，并可以责令恢复原状。

第六十二条 违反本法规定，重点排污单位不公开或者不如实公开环境信息的，由县级以上地方人民政府环境保护主管部门责令公开，处以罚款，并予以公告。

第六十三条 企业事业单位和其他生产经营者有下列行为之一，尚不构成犯罪的，除依照有关法律法规规定予以处罚外，由县级以上人民政府环境保护主管部门或者其他有关部门将案件移送公安机关，对其直接负责的主管人员和其他直接责任人员，处十日以上十五日以下拘留；情节较轻的，处五日以上十日以下拘留：

（一）建设项目未依法进行环境影响评价，被责令停止建设，拒不执行的；

（二）违反法律规定，未取得排污许可证排放污染物，被责令停止排污，拒不执行的；

（三）通过暗管、渗井、渗坑、灌注或者篡改、伪造监测数据，或者不正常运行防治污染设施等逃避监管的方式违法排放污染物的；

（四）生产、使用国家明令禁止生产、使用的农药，被责令改正，拒不改正的。

第六十四条 因污染环境和破坏生态造成损害的，应当依照《中华人民共和国侵权责任法》的有关规定承担侵权责任。

第六十五条 环境影响评价机构、环境监测机构以及从事环境监测设备和防治污染设施维护、运营的机构，在有关环境服务活动中弄虚作假，对造成的环境污染和生态破坏负有责任的，除依照有关法律法规规定予以处罚外，还应当与造成环境污染和生态破坏的其他责任者承担连带责任。

第六十六条 提起环境损害赔偿诉讼的时效期间为三年，从当事人知道或者应当知道其受到损害时起计算。

第六十七条 上级人民政府及其环境保护主管部门应当加强对下级人民政府及其有关部门环境保护工作的监督。发现有关工作人员有违法行为，依法应当给予处分的，应当向其任免机关或者监察机关提出处分建议。

依法应当给予行政处罚，而有关环境保护主管部门不给予行政处罚的，上级人民政府环境保护主管部门可以直接作出行政处罚的决定。

第六十八条 地方各级人民政府、县级以上人民政府环境保护主管部门和其他负有环境保护监督管理职责的部门有下列行为之一的，对直接负责的主管人员和其他直接责任人员给予记过、记大过或者降级处分；造成严重后果的，给予撤职或者开除处分，其主要负责人应当引咎辞职：

（一）不符合行政许可条件准予行政许可的；

（二）对环境违法行为进行包庇的；

（三）依法应当作出责令停业、关闭的决定而未作出的；

（四）对超标排放污染物、采用逃避监管的方式排放污染物、造成环境事故以及不落实生态保护措施造成生态破坏等行为，发现或者接到举报未及时查处的；

（五）违反本法规定，查封、扣押企业事业单位和其他生产经营者的设施、设备的；

（六）篡改、伪造或者指使篡改、伪造监测数据的；

（七）应当依法公开环境信息而未公开的；

（八）将征收的排污费截留、挤占或者挪作他用的；

（九）法律法规规定的其他违法行为。

第六十九条 违反本法规定，构成犯罪的，依法追究刑事责任。

第七章 附 则

第七十条 本法自2015年1月1日起施行。

中华人民共和国大气污染防治法

（1987 年 9 月 5 日第六届全国人民代表大会常务委员会第二十二次会议通过　根据 1995 年 8 月 29 日第八届全国人民代表大会常务委员会第十五次会议《关于修改〈中华人民共和国大气污染防治法〉的决定》修正　2000 年 4 月 29 日第九届全国人民代表大会常务委员会第十五次会议第一次修订　2015 年 8 月 29 日第十二届全国人民代表大会常务委员会第十六次会议第二次修订　2015 年 8 月 29 日中华人民共和国主席令第 31 号公布　自 2016 年 1 月 1 日起施行）

目　　录

第一章 总 则

第一条 为保护和改善环境，防治大气污染，保障公众健康，推进生态文明建设，促进经济社会可持续发展，制定本法。

第二条 防治大气污染，应当以改善大气环境质量为目标，坚持源头治理，规划先行，转变经济发展方式，优化产业结构和布局，调整能源结构。

防治大气污染，应当加强对燃煤、工业、机动车船、扬尘、农业等大气污染的综合防治，推行区域大气污染联合防治，对颗粒物、二氧化硫、氮氧化物、挥发性有机物、氨等大气污染物和温室气体实施协同控制。

第三条 县级以上人民政府应当将大气污染防治工作纳入国民经济和社会发展规划，加大对大气污染防治的财政投入。

地方各级人民政府应当对本行政区域的大气环境质量负责，制定规划，采取措施，控制或者逐步削减大气污染物的排放量，使大气环境质量达到规定标准并逐步改善。

第四条 国务院环境保护主管部门会同国务院有关部门，按照国务院的规定，对省、自治区、直辖市大气环境质量改善目标、大气污染防治重点任务完成情况进行考核。省、自治区、直辖市人民政府制定考核办法，对本行政区域内地方大气环境质量改善目标、大气污染防治重点任务完成情况实施考核。考核结果应当向社会公开。

第五条 县级以上人民政府环境保护主管部门对大气污染防治实施统一监督管理。

县级以上人民政府其他有关部门在各自职责范围内对大气污染防治实施监督管理。

第六条 国家鼓励和支持大气污染防治科学技术研究，开展对大气污染来源及其变化趋势的分析，推广先进适用的大气污染防治技术和装备，促进科技成果转化，发挥科学技术在大气污染防治中的支撑作用。

第七条 企业事业单位和其他生产经营者应当采取有效措施，防止、减少大气污染，对所造成的损害依法承担责任。

公民应当增强大气环境保护意识，采取低碳、节俭的生活方式，自觉履行大气环境保护义务。

第二章 大气污染防治标准和限期达标规划

第八条 国务院环境保护主管部门或者省、自治区、直辖市人民政府制定大气环境质量标准，应当以保障公众健康和保护生态环境为宗旨，与经济社会发展相适应，做到科学合理。

第九条 国务院环境保护主管部门或者省、自治区、直辖市人民政府制定大气污染物排放标准，应当以大气环境质量标准和国家经济、技术条件为依据。

第十条 制定大气环境质量标准、大气污染物排放标准，应当组织专家进行审查和论证，并征求有关部门、行业协会、企业事业单位和公众等方面的意见。

第十一条 省级以上人民政府环境保护主管部门应当在其网站上公布大气环境质量标准、大气污染物排放标准，供公众免费查阅、下载。

第十二条 大气环境质量标准、大气污染物排放标准的执行情况应当定期进行评估，根据评估结果对标准适时进行修订。

第十三条 制定燃煤、石油焦、生物质燃料、涂料等含挥发性有机物的产品、烟花爆竹以及锅炉等产品的质量标准，应当明确大气环境保护要求。

制定燃油质量标准，应当符合国家大气污染物控制要求，并与国家机动车船、非道路移动机械大气污染物排放标准相互衔接，同步实施。

前款所称非道路移动机械，是指装配有发动机的移动机械和可运输工业设备。

第十四条 未达到国家大气环境质量标准城市的人民政府应当及时编制大气环境质量限期达标规划，采取措施，按照国务院或者省级人民政府规定的期限达到大气环境质量标准。

编制城市大气环境质量限期达标规划，应当征求有关行业协会、企业事业单位、专家和公众等方面的意见。

第十五条 城市大气环境质量限期达标规划应当向社会公开。直辖市和设区的市的大气环境质量限期达标规划应当报国务院环境保护主管部门备案。

第十六条 城市人民政府每年在向本级人民代表大会或者其常务委员会报告环境状况和环境保护目标完成情况时，应当报告大气环境质量限期达标规划执行情况，并向社会公开。

第十七条 城市大气环境质量限期达标规划应当根据大气污染防治的要求和经济、技术条件适时进行评估、修订。

第三章 大气污染防治的监督管理

第十八条 企业事业单位和其他生产经营者建设对大气环境有影响的项目，应当依法进行环境影响评价、公开环境影响评价文件；向大气排放污染物的，应当符合大气污染物排放标准，遵守重点大气污染物排放总量控制要求。

第十九条 排放工业废气或者本法第七十八条规定名录中所列有毒有害大气污染物的企业事业单位、集中供热设施的燃煤热源生产运营单位以及其他依法实行排污许可管理的单位，应当取得排污许可证。排污许可的具体办法和实施步骤由国务院规定。

第二十条 企业事业单位和其他生产经营者向大气排放污染物的，应当依照法律法规和国务院环境保护主管部门的规定设置大气污染物排放口。

禁止通过偷排、篡改或者伪造监测数据、以逃避现场检查为目的的临时停产、非紧急情况下开启应急排放通道、不正常运行大气污染防治设施等逃避监管的方式排放大气污染物。

第二十一条 国家对重点大气污染物排放实行总量控制。

重点大气污染物排放总量控制目标，由国务院环境保护主管部门在征求国务院有关部门和各省、自治区、直辖市人民政府意见后，会同国务院经济综合主管部门报国务院批准并下达实施。

省、自治区、直辖市人民政府应当按照国务院下达的总量控制目标，控制或者削减本行政区域的重点大气污染物排放总量。

确定总量控制目标和分解总量控制指标的具体办法，由国务院环境保护主管部门会同国务院有关部门规定。省、自治区、直辖市人民政府可以根据本行政区域大气污染防治的需要，对国家重点大气污染物之外的其他大气污染物排放实行总量控制。

国家逐步推行重点大气污染物排污权交易。

第二十二条 对超过国家重点大气污染物排放总量控制指标或者未完成国家下达的大气环境质量改善目标的地区，省级以上人民政府环境保护主管部门应当会同有关部门约谈该地区人民政府的主要负责人，并暂停审批该地区新增重点大气污染物排放总量的建设项目环境影响评价文件。约谈情况应当向社会公开。

第二十三条 国务院环境保护主管部门负责制定大气环境质量和大气污染源的监测和评价规范，组织建设与管理全国大气环境质量和大气污染源监测网，组织开展大气环境质量和大气污染源监测，统一发布全国大气环境质量状况信息。

县级以上地方人民政府环境保护主管部门负责组织建设与管理本行政区域大气环境质量和大气污染源监测网，开展大气环境质量和大气污染源监测，统一发布本行政区域大气环境质量状况信息。

第二十四条 企业事业单位和其他生产经营者应当按照国家有关规定和监测规范，对其排放的工业废气和本法第七十八条规定名录中所列有毒有害大气污染物进行监测，并保存原始监测记录。其中，重点排污单位应当安装、使用大气污染物排放自动监测设备，与环境保护主管部门的监控设备联网，保证监测设备正常运行并依法公开排放信息。监测的具体办法和重点排污单位的条件由国务院环境保护主管部门规定。

重点排污单位名录由设区的市级以上地方人民政府环境保护主管部门按照国务院环境保护主管部门的规定，根据本行政区域的大气环境承载力、重点大气污染物排放总量控制指标的要求以及排污单位排放大气污染物的种类、数量和浓度等因素，商有关部门确定，并向社会公布。

第二十五条 重点排污单位应当对自动监测数据的真实性和准确性负责。环境保护主管部门发现重点排污单位的大气污染物排放自动监测设备传输数据异常，应当及时进行调查。

第二十六条 禁止侵占、损毁或者擅自移动、改变大气环境质量监测设施和大气污染物排放自动监测设备。

第二十七条 国家对严重污染大气环境的工艺、设备和产品实行淘汰制度。

国务院经济综合主管部门会同国务院有关部门确定严重污染大气环境的工艺、设备和产品淘汰期限，并纳入国家综合性产业政策目录。

生产者、进口者、销售者或者使用者应当在规定期限内停止生产、进口、销售或者使用列入前款规定目录中的设备和产品。工艺的采用者应当在规定期限内停止采用列入前款规定目录中的工艺。

被淘汰的设备和产品，不得转让给他人使用。

第二十八条 国务院环境保护主管部门会同有关部门，建立和完善大气污染损害评估制度。

第二十九条 环境保护主管部门及其委托的环境监察机构和其他负有大气环境保护监督管理职责的部门，有权通过现场检查监测、自动监测、遥感监测、远红外摄像等方式，对排放大气污染物的企业事业单位和其他生产经营者进行监督检查。被检查者应当如实反映情况，提供必要的资料。实施检查的部门、机构及其工作人员应当为被检查者保守商业秘密。

第三十条 企业事业单位和其他生产经营者违反法律法规规定排放大气污染物，造成或者可能造成严重大气污染，或者有关证据可能灭失或者被隐匿的，县级以上人民政府环境保护主管部门和其他负有大气环境保护监督管理职责的部门，可以对有关设施、设备、物品采取查封、扣押等行政强制措施。

第三十一条 环境保护主管部门和其他负有大气环境保护监督管理职责的部门应当公布举报电话、电子邮箱等，方便公众举报。

环境保护主管部门和其他负有大气环境保护监督管理职责的部门接到举报的，应当及时处理并对举报人的相关信息予以保密；对实名举报的，应当反馈处理结果等情况，查证属实的，处理结果依法向社会公开，并对举报人给予奖励。

举报人举报所在单位的，该单位不得以解除、变更劳动合同或者其他方式对举报人进行打击报复。

第四章 大气污染防治措施

第一节 燃煤和其他能源污染防治

第三十二条 国务院有关部门和地方各级人民政府应当采取措施，调整能源结构，推广清洁能源的生产和使用；优化煤炭使用方式，推广煤炭清洁高效利用，逐步降低煤炭在一次能源消费中的比重，减少煤炭生产、使用、转化过程中的大气污染物排放。

第三十三条 国家推行煤炭洗选加工，降低煤炭的硫分和灰分，限制高硫分、高灰分煤炭的开采。新建煤矿应当同步建设配套的煤炭洗选设施，使煤炭的硫分、灰分含量达到规定标准；已建成的煤矿除所采煤炭属于低硫分、低灰分或者根据已达标排放的燃煤电厂要求不需要洗选的以外，应当限期建成配套的煤炭洗选设施。

禁止开采含放射性和砷等有毒有害物质超过规定标准的煤炭。

第三十四条 国家采取有利于煤炭清洁高效利用的经济、技术政策和措施，鼓励和支持洁净煤技术的开发和推广。

国家鼓励煤矿企业等采用合理、可行的技术措施，对煤层气进行开采利用，对煤矸石进行综合利用。从事煤层气开采利用的，煤层气排放应当符合有关标准规范。

第三十五条 国家禁止进口、销售和燃用不符合质量标准的煤炭，鼓励燃用优质煤炭。

单位存放煤炭、煤矸石、煤渣、煤灰等物料，应当采取防燃措施，防止大气污染。

第三十六条 地方各级人民政府应当采取措施，加强民用散煤的管理，禁止销售不符合民用散煤质量标准的煤炭，鼓励居民燃用优质煤炭和洁净型煤，推广节能环保型炉灶。

第三十七条 石油炼制企业应当按照燃油质量标准生产燃油。

禁止进口、销售和燃用不符合质量标准的石油焦。

第三十八条 城市人民政府可以划定并公布高污染燃料禁燃区，并根据大气环境质量改善要求，逐步扩大高污染燃料禁燃区范围。高污染燃料的目录由国务院环境保护主管部门确定。

在禁燃区内，禁止销售、燃用高污染燃料；禁止新建、扩建燃用高污染燃料的设施，已建成的，应当在城市人民政府规定的期限内改用天然气、页岩气、液化石油气、电或者其他清洁能源。

第三十九条 城市建设应当统筹规划，在燃煤供热地区，推进热电联产和集中供热。在集中供热管网覆盖地区，禁止新建、扩建分散燃煤供热锅炉；已建成的不能达标排放的燃煤供热锅炉，应当在城市人民政府规定的期限内拆除。

第四十条 县级以上人民政府质量监督部门应当会同环境保护主管部门对锅炉生产、进口、销售和使用环节执行环境保护标准或者要求的情况进行监督检查；不符合环境保护标准或者要求的，不得生产、进口、销售和使用。

第四十一条 燃煤电厂和其他燃煤单位应当采用清洁生产工艺，配套建设除尘、脱硫、脱硝等装置，或者采取技术改造等其他控制大气污染物排放的措施。

国家鼓励燃煤单位采用先进的除尘、脱硫、脱硝、脱汞等大气污染物协同控制的技术和装置，减少大气污染物的排放。

第四十二条 电力调度应当优先安排清洁能源发电上网。

第二节 工业污染防治

第四十三条 钢铁、建材、有色金属、石油、化工等企业生产过程中排放粉尘、硫化物和氮氧化物的，应当采用清洁生产工艺，配套建设除尘、脱硫、脱硝等装置，或者采取技术改造等其他控制大气污染物排放的措施。

第四十四条 生产、进口、销售和使用含挥发性有机物的原材料和产品的，其挥发性有机物含量应当符合质量标准或者要求。

国家鼓励生产、进口、销售和使用低毒、低挥发性有机溶剂。

第四十五条 产生含挥发性有机物废气的生产和服务活动，应当在密闭空间或者设备中进行，并按照规定安装、使用污染防治设施；无法密闭的，应当采取措施减少废气排放。

第四十六条 工业涂装企业应当使用低挥发性有机物含量的涂料，并建立台账，记录生产原料、辅料的使用量、废弃量、去向以及挥发性有机物含量。台账保存期限不得少于三年。

第四十七条 石油、化工以及其他生产和使用有机溶剂的企业，应当采取措施对管道、设备进行日常维护、维修，减少物料泄漏，对泄漏的物料应当及时收集处理。

储油储气库、加油加气站、原油成品油码头、原油成品油运输船舶和油罐车、气罐车等，应当按照国家有关规定安装油气回收装置并保持正常使用。

第四十八条 钢铁、建材、有色金属、石油、化工、制药、矿产开采等企业，应当加强精细化管理，采取集中收集处理等措施，严格控制粉尘和气态污染物的排放。

工业生产企业应当采取密闭、围挡、遮盖、清扫、洒水等措施，减少内部物料的堆存、传输、装卸等环节产生的粉尘和气态污染物的排放。

第四十九条 工业生产、垃圾填埋或者其他活动产生的可燃性气体应当回收利用，不具备回收利用条件的，应当进行污染防治处理。

可燃性气体回收利用装置不能正常作业的，应当及时修复或者更新。在回收利用装置不能正常作业期间确需排放可燃性气体的，应当将排放的可燃性气体充分燃烧或者采取其他控制大气污染物排放的措施，并向当地环境保护主管部门报告，按照要求限期修复或者更新。

第三节 机动车船等污染防治

第五十条 国家倡导低碳、环保出行，根据城市规划合理控制燃油机动车保有量，大力发展城市公共交通，提高公共交通出行比例。

国家采取财政、税收、政府采购等措施推广应用节能环保型和新能源机动车船、非道路移动机械，限制高油耗、高排放机动车船、非道路移动机械的发展，减少化石能源的消耗。

省、自治区、直辖市人民政府可以在条件具备的地区，提前执行国家机动车大气污染物排放标准中相应阶段排放限值，并报国务院环境保护主管部门备案。

城市人民政府应当加强并改善城市交通管理，优化道路设置，保障人行道和非机动车道的连续、畅通。

第五十一条 机动车船、非道路移动机械不得超过标准排放大气污染物。

禁止生产、进口或者销售大气污染物排放超过标准的机动车船、非道路移动机械。

第五十二条 机动车、非道路移动机械生产企业应当对新生产的机动车和非道路移动机械进行排放检验。经检验合格的，方可出厂销售。检验信息应当向社会公开。

省级以上人民政府环境保护主管部门可以通过现场检查、抽样检测等方式，加强对新生产、销售机动车和非道路移动机械大气污染物排放状况的监督检查。工业、质量监督、工商行政管理等有关部门予以配合。

第五十三条 在用机动车应当按照国家或者地方的有关规定，由机动车排放检验机构定期对其进行排放检验。经检验合格的，方可上道路行驶。未经检验合格的，公安机关交通管理部门不得核发安全技术检验合格标志。

县级以上地方人民政府环境保护主管部门可以在机动车集中停放地、维修地对在用机动车的大气污染物排放状况进行监督抽测；在不影响正常通行的情况下，可以通过遥感监测等技术手段对在道路上行驶的机动车的大气污染物排放状况进行监督抽测，公安机关交通管理部门予以配合。

第五十四条 机动车排放检验机构应当依法通过计量认证，使用经依法检定合格的机动车排放检验设备，按照国务院环境保护主管部门制定的规范，对机动车进行排放检验，并与环境保护主管部门联网，实现检验数据实时共享。机动车排放检验机构及其负责人对检验数据的真实性和准确性负责。

环境保护主管部门和认证认可监督管理部门应当对机动车排放检验机构的排放检验情况进行监督检查。

第五十五条 机动车生产、进口企业应当向社会公布其生产、进口机动车车型的排放检验信息、污染控制技术信息和有关维修技术信息。

机动车维修单位应当按照防治大气污染的要求和国家有关技术规范对在用机动车进行维修，使其达到规定的排放标准。交通运输、环境保护主管部门应当依法加强监督管理。

禁止机动车所有人以临时更换机动车污染控制装置等弄虚作假的方式通过机动车排放检验。禁止机动车维修单位提供该类维修服务。禁止破坏机动车车载排放诊断系统。

第五十六条 环境保护主管部门应当会同交通运输、住房城乡建设、农业行政、水行政等有关部门对非道路移动机械的大气污染物排放状况进行监督检查，排放不合格的，不得使用。

第五十七条 国家倡导环保驾驶，鼓励燃油机动车驾驶人在不影响道路通行且需停车三分钟以上的情况下熄灭发动机，减少大气污染物的排放。

第五十八条 国家建立机动车和非道路移动机械环境保护召回制度。

生产、进口企业获知机动车、非道路移动机械排放大气污染物超过标准，属于设计、生产缺陷或者不符合规定的环境保护耐久性要求的，应当召回；未召回的，由国务院质量监督部门会同国务院环境保护主管部门责令其召回。

第五十九条 在用重型柴油车、非道路移动机械未安装污染控制装置或者污染控制装置不符合要求，不能达标排放的，应当加装或者更换符合要求的污染控制装置。

第六十条 在用机动车排放大气污染物超过标准的，应当进行维修；经维修或者采用污染控制技术后，大气污染物排放仍不符合国家在用机动车排放标准的，应当强制报废。其所有人应当将机动车交售给报废机动车回收拆解企业，由报废机动车回收拆解企业按照国家有关规定进行登记、拆解、销毁等处理。

国家鼓励和支持高排放机动车船、非道路移动机械提前报废。

第六十一条 城市人民政府可以根据大气环境质量状况，划定并公布禁止使用高排放非道路移动机械的区域。

第六十二条 船舶检验机构对船舶发动机及有关设备进行排放检验。经检验符合国家排放标准的，船舶方可运营。

第六十三条 内河和江海直达船舶应当使用符合标准的普通柴油。远洋船舶靠港后应当使用符合大气污染物控制要求的船舶用燃油。

新建码头应当规划、设计和建设岸基供电设施；已建成的码头应当逐步实施岸基供电设施改造。船舶靠港后应当优先使用岸电。

第六十四条 国务院交通运输主管部门可以在沿海海域划定船舶大

气污染物排放控制区，进入排放控制区的船舶应当符合船舶相关排放要求。

第六十五条 禁止生产、进口、销售不符合标准的机动车船、非道路移动机械用燃料；禁止向汽车和摩托车销售普通柴油以及其他非机动车用燃料；禁止向非道路移动机械、内河和江海直达船舶销售渣油和重油。

第六十六条 发动机油、氮氧化物还原剂、燃料和润滑油添加剂以及其他添加剂的有害物质含量和其他大气环境保护指标，应当符合有关标准的要求，不得损害机动车船污染控制装置效果和耐久性，不得增加新的大气污染物排放。

第六十七条 国家积极推进民用航空器的大气污染防治，鼓励在设计、生产、使用过程中采取有效措施减少大气污染物排放。

民用航空器应当符合国家规定的适航标准中的有关发动机排出物要求。

第四节 扬尘污染防治

第六十八条 地方各级人民政府应当加强对建设施工和运输的管理，保持道路清洁，控制料堆和渣土堆放，扩大绿地、水面、湿地和地面铺装面积，防治扬尘污染。

住房城乡建设、市容环境卫生、交通运输、国土资源等有关部门，应当根据本级人民政府确定的职责，做好扬尘污染防治工作。

第六十九条 建设单位应当将防治扬尘污染的费用列入工程造价，并在施工承包合同中明确施工单位扬尘污染防治责任。施工单位应当制定具体的施工扬尘污染防治实施方案。

从事房屋建筑、市政基础设施建设、河道整治以及建筑物拆除等施工单位，应当向负责监督管理扬尘污染防治的主管部门备案。

施工单位应当在施工工地设置硬质围挡，并采取覆盖、分段作业、择时施工、洒水抑尘、冲洗地面和车辆等有效防尘降尘措施。建筑土方、工程渣土、建筑垃圾应当及时清运；在场地内堆存的，应当采用密闭式防尘网遮盖。工程渣土、建筑垃圾应当进行资源化处理。

施工单位应当在施工工地公示扬尘污染防治措施、负责人、扬尘监督管理主管部门等信息。

暂时不能开工的建设用地，建设单位应当对裸露地面进行覆盖；超过三个月的，应当进行绿化、铺装或者遮盖。

第七十条 运输煤炭、垃圾、渣土、砂石、土方、灰浆等散装、流体物料的车辆应当采取密闭或者其他措施防止物料遗撒造成扬尘污染，并按照规定路线行驶。

装卸物料应当采取密闭或者喷淋等方式防治扬尘污染。

城市人民政府应当加强道路、广场、停车场和其他公共场所的清扫保洁管理，推行清洁动力机械化清扫等低尘作业方式，防治扬尘污染。

第七十一条 市政河道以及河道沿线、公共用地的裸露地面以及其他城镇裸露地面，有关部门应当按照规划组织实施绿化或者透水铺装。

第七十二条 贮存煤炭、煤矸石、煤渣、煤灰、水泥、石灰、石膏、砂土等易产生扬尘的物料应当密闭；不能密闭的，应当设置不低于堆放物高度的严密围挡，并采取有效覆盖措施防治扬尘污染。

码头、矿山、填埋场和消纳场应当实施分区作业，并采取有效措施防治扬尘污染。

第五节 农业和其他污染防治

第七十三条 地方各级人民政府应当推动转变农业生产方式，发展农业循环经济，加大对废弃物综合处理的支持力度，加强对农业生产经营活动排放大气污染物的控制。

第七十四条 农业生产经营者应当改进施肥方式，科学合理施用化肥并按照国家有关规定使用农药，减少氨、挥发性有机物等大气污染物的排放。

禁止在人口集中地区对树木、花草喷洒剧毒、高毒农药。

第七十五条 畜禽养殖场、养殖小区应当及时对污水、畜禽粪便和尸体等进行收集、贮存、清运和无害化处理，防止排放恶臭气体。

第七十六条 各级人民政府及其农业行政等有关部门应当鼓励和支持采用先进适用技术，对秸秆、落叶等进行肥料化、饲料化、能源化、工业原料化、食用菌基料化等综合利用，加大对秸秆还田、收集一体化农业机械的财政补贴力度。

县级人民政府应当组织建立秸秆收集、贮存、运输和综合利用服务体系，采用财政补贴等措施支持农村集体经济组织、农民专业合作经济组织、企业等开展秸秆收集、贮存、运输和综合利用服务。

第七十七条 省、自治区、直辖市人民政府应当划定区域，禁止露天焚烧秸秆、落叶等产生烟尘污染的物质。

第七十八条 国务院环境保护主管部门应当会同国务院卫生行政部门，根据大气污染物对公众健康和生态环境的危害和影响程度，公布有毒有害大气污染物名录，实行风险管理。

排放前款规定名录中所列有毒有害大气污染物的企业事业单位，应当按照国家有关规定建设环境风险预警体系，对排放口和周边环境进行定期监测，评估环境风险，排查环境安全隐患，并采取有效措施防范环境风险。

第七十九条 向大气排放持久性有机污染物的企业事业单位和其他生产经营者以及废弃物焚烧设施的运营单位，应当按照国家有关规定，采取有利于减少持久性有机污染物排放的技术方法和工艺，配备有效的净化装置，实现达标排放。

第八十条 企业事业单位和其他生产经营者在生产经营活动中产生恶臭气体的，应当科学选址，设置合理的防护距离，并安装净化装置或者采取其他措施，防止排放恶臭气体。

第八十一条 排放油烟的餐饮服务业经营者应当安装油烟净化设施并保持正常使用，或者采取其他油烟净化措施，使油烟达标排放，并防止对附近居民的正常生活环境造成污染。

禁止在居民住宅楼、未配套设立专用烟道的商住综合楼以及商住综合楼内与居住层相邻的商业楼层内新建、改建、扩建产生油烟、异味、废气的餐饮服务项目。

任何单位和个人不得在当地人民政府禁止的区域内露天烧烤食品或者为露天烧烤食品提供场地。

第八十二条 禁止在人口集中地区和其他依法需要特殊保护的区域内焚烧沥青、油毡、橡胶、塑料、皮革、垃圾以及其他产生有毒有害烟尘和恶臭气体的物质。

禁止生产、销售和燃放不符合质量标准的烟花爆竹。任何单位和个人不得在城市人民政府禁止的时段和区域内燃放烟花爆竹。

第八十三条 国家鼓励和倡导文明、绿色祭祀。

火葬场应当设置除尘等污染防治设施并保持正常使用，防止影响周边环境。

第八十四条 从事服装干洗和机动车维修等服务活动的经营者，应当按照国家有关标准或者要求设置异味和废气处理装置等污染防治设施并保持正常使用，防止影响周边环境。

第八十五条 国家鼓励、支持消耗臭氧层物质替代品的生产和使用，逐步减少直至停止消耗臭氧层物质的生产和使用。

国家对消耗臭氧层物质的生产、使用、进出口实行总量控制和配额管理。具体办法由国务院规定。

第五章　重点区域大气污染联合防治

第八十六条 国家建立重点区域大气污染联防联控机制，统筹协调重点区域内大气污染防治工作。国务院环境保护主管部门根据主体功能区划、区域大气环境质量状况和大气污染传输扩散规律，划定国家大气污染防治重点区域，报国务院批准。

重点区域内有关省、自治区、直辖市人民政府应当确定牵头的地方人民政府，定期召开联席会议，按照统一规划、统一标准、统一监测、统一的防治措施的要求，开展大气污染联合防治，落实大气污染防治目标责任。国务院环境保护主管部门应当加强指导、督促。

省、自治区、直辖市可以参照第一款规定划定本行政区域的大气污染防治重点区域。

第八十七条 国务院环境保护主管部门会同国务院有关部门、国家大气污染防治重点区域内有关省、自治区、直辖市人民政府，根据重点区域经济社会发展和大气环境承载力，制定重点区域大气污染联合防治行动计划，明确控制目标，优化区域经济布局，统筹交通管理，发展清洁能源，提出重点防治任务和措施，促进重点区域大气环境质量改善。

第八十八条 国务院经济综合主管部门会同国务院环境保护主管部门，结合国家大气污染防治重点区域产业发展实际和大气环境质量状况，进一步提高环境保护、能耗、安全、质量等要求。

重点区域内有关省、自治区、直辖市人民政府应当实施更严格的机动车大气污染物排放标准，统一在用机动车检验方法和排放限值，并配套供应合格的车用燃油。

第八十九条 编制可能对国家大气污染防治重点区域的大气环境造成严重污染的有关工业园区、开发区、区域产业和发展等规划，应当依法进行环境影响评价。规划编制机关应当与重点区域内有关省、自治区、直辖市人民政府或者有关部门会商。

重点区域内有关省、自治区、直辖市建设可能对相邻省、自治区、直辖市大气环境质量产生重大影响的项目，应当及时通报有关信息，进行会商。

会商意见及其采纳情况作为环境影响评价文件审查或者审批的重要依据。

第九十条 国家大气污染防治重点区域内新建、改建、扩建用煤项目的，应当实行煤炭的等量或者减量替代。

第九十一条 国务院环境保护主管部门应当组织建立国家大气污染

防治重点区域的大气环境质量监测、大气污染源监测等相关信息共享机制，利用监测、模拟以及卫星、航测、遥感等新技术分析重点区域内大气污染来源及其变化趋势，并向社会公开。

第九十二条 国务院环境保护主管部门和国家大气污染防治重点区域内有关省、自治区、直辖市人民政府可以组织有关部门开展联合执法、跨区域执法、交叉执法。

第六章 重污染天气应对

第九十三条 国家建立重污染天气监测预警体系。

国务院环境保护主管部门会同国务院气象主管机构等有关部门、国家大气污染防治重点区域内有关省、自治区、直辖市人民政府，建立重点区域重污染天气监测预警机制，统一预警分级标准。可能发生区域重污染天气的，应当及时向重点区域内有关省、自治区、直辖市人民政府通报。

省、自治区、直辖市、设区的市人民政府环境保护主管部门会同气象主管机构等有关部门建立本行政区域重污染天气监测预警机制。

第九十四条 县级以上地方人民政府应当将重污染天气应对纳入突发事件应急管理体系。

省、自治区、直辖市、设区的市人民政府以及可能发生重污染天气的县级人民政府，应当制定重污染天气应急预案，向上一级人民政府环境保护主管部门备案，并向社会公布。

第九十五条 省、自治区、直辖市、设区的市人民政府环境保护主管部门应当会同气象主管机构建立会商机制，进行大气环境质量预报。可能发生重污染天气的，应当及时向本级人民政府报告。省、自治区、直辖市、设区的市人民政府依据重污染天气预报信息，进行综合研判，确定预警等级并及时发出预警。预警等级根据情况变化及时调整。任何单位和个人不得擅自向社会发布重污染天气预报预警信息。

预警信息发布后，人民政府及其有关部门应当通过电视、广播、网络、短信等途径告知公众采取健康防护措施，指导公众出行和调整其他相关社会活动。

第九十六条 县级以上地方人民政府应当依据重污染天气的预警等级，及时启动应急预案，根据应急需要可以采取责令有关企业停产或者限产、限制部分机动车行驶、禁止燃放烟花爆竹、停止工地土石方作业和建筑物拆除施工、停止露天烧烤、停止幼儿园和学校组织的户外活动、组织开展人工影响天气作业等应急措施。

应急响应结束后，人民政府应当及时开展应急预案实施情况的评估，适时修改完善应急预案。

第九十七条 发生造成大气污染的突发环境事件，人民政府及其有关部门和相关企业事业单位，应当依照《中华人民共和国突发事件应对法》、《中华人民共和国环境保护法》的规定，做好应急处置工作。环境保护主管部门应当及时对突发环境事件产生的大气污染物进行监测，并向社会公布监测信息。

第七章 法律责任

第九十八条 违反本法规定，以拒绝进入现场等方式拒不接受环境保护主管部门及其委托的环境监察机构或者其他负有大气环境保护监督管理职责的部门的监督检查，或者在接受监督检查时弄虚作假的，由县级以上人民政府环境保护主管部门或者其他负有大气环境保护监督管理职责的部门责令改正，处二万元以上二十万元以下的罚款；构成违反治安管理行为的，由公安机关依法予以处罚。

第九十九条 违反本法规定，有下列行为之一的，由县级以上人民政府环境保护主管部门责令改正或者限制生产、停产整治，并处十万元以上一百万元以下的罚款；情节严重的，报经有批准权的人民政府批准，责令停业、关闭：

（一）未依法取得排污许可证排放大气污染物的；

（二）超过大气污染物排放标准或者超过重点大气污染物排放总量控制指标排放大气污染物的；

（三）通过逃避监管的方式排放大气污染物的。

第一百条 违反本法规定，有下列行为之一的，由县级以上人民政府环境保护主管部门责令改正，处二万元以上二十万元以下的罚款；拒不改正的，责令停产整治：

（一）侵占、损毁或者擅自移动、改变大气环境质量监测设施或者大气污染物排放自动监测设备的；

（二）未按照规定对所排放的工业废气和有毒有害大气污染物进行监测并保存原始监测记录的；

（三）未按照规定安装、使用大气污染物排放自动监测设备或者未按照规定与环境保护主管部门的监控设备联网，并保证监测设备正常运行的；

（四）重点排污单位不公开或者不如实公开自动监测数据的；

（五）未按照规定设置大气污染物排放口的。

第一百零一条 违反本法规定，生产、进口、销售或者使用国家综合性产业政策目录中禁止的设备和产品，采用国家综合性产业政策目录中禁止的工艺，或者将淘汰的设备和产品转让给他人使用的，由县级以上人民政府经济综合主管部门、出入境检验检疫机构按照职责责令改正，没收违法所得，并处货值金额一倍以上三倍以下的罚款；拒不改正的，报经有批准权的人民政府批准，责令停业、关闭。进口行为构成走私的，由海关依法予以处罚。

第一百零二条 违反本法规定，煤矿未按照规定建设配套煤炭洗选设施的，由县级以上人民政府能源主管部门责令改正，处十万元以上一百万元以下的罚款；拒不改正的，报经有批准权的人民政府批准，责令停业、关闭。

违反本法规定，开采含放射性和砷等有毒有害物质超过规定标准的煤炭的，由县级以上人民政府按照国务院规定的权限责令停业、关闭。

第一百零三条 违反本法规定，有下列行为之一的，由县级以上地方人民政府质量监督、工商行政管理部门按照职责责令改正，没收原材料、产品和违法所得，并处货值金额一倍以上三倍以下的罚款：

（一）销售不符合质量标准的煤炭、石油焦的；

（二）生产、销售挥发性有机物含量不符合质量标准或者要求的原材料和产品的；

（三）生产、销售不符合标准的机动车船和非道路移动机械用燃料、发动机油、氮氧化物还原剂、燃料和润滑油添加剂以及其他添加剂的；

（四）在禁燃区内销售高污染燃料的。

第一百零四条 违反本法规定，有下列行为之一的，由出入境检验检疫机构责令改正，没收原材料、产品和违法所得，并处货值金额一倍以上三倍以下的罚款；构成走私的，由海关依法予以处罚：

（一）进口不符合质量标准的煤炭、石油焦的；

（二）进口挥发性有机物含量不符合质量标准或者要求的原材料和产品的；

（三）进口不符合标准的机动车船和非道路移动机械用燃料、发动机油、氮氧化物还原剂、燃料和润滑油添加剂以及其他添加剂的。

第一百零五条 违反本法规定，单位燃用不符合质量标准的煤炭、石油焦的，由县级以上人民政府环境保护主管部门责令改正，处货值金额一倍以上三倍以下的罚款。

第一百零六条 违反本法规定，使用不符合标准或者要求的船舶用燃油的，由海事管理机构、渔业主管部门按照职责处一万元以上十万元以下的罚款。

第一百零七条 违反本法规定，在禁燃区内新建、扩建燃用高污染燃料的设施，或者未按照规定停止燃用高污染燃料，或者在城市集中供热管网覆盖地区新建、扩建分散燃煤供热锅炉，或者未按照规定拆除已建成的不能达标排放的燃煤供热锅炉的，由县级以上地方人民政府环境保护主管部门没收燃用高污染燃料的设施，组织拆除燃煤供热锅炉，并处二万元以上二十万元以下的罚款。

违反本法规定，生产、进口、销售或者使用不符合规定标准或者要求的锅炉，由县级以上人民政府质量监督、环境保护主管部门责令改正，没收违法所得，并处二万元以上二十万元以下的罚款。

第一百零八条 违反本法规定，有下列行为之一的，由县级以上人民政府环境保护主管部门责令改正，处二万元以上二十万元以下的罚款；拒不改正的，责令停产整治：

（一）产生含挥发性有机物废气的生产和服务活动，未在密闭空间或者设备中进行，未按照规定安装、使用污染防治设施，或者未采取减少废气排放措施的；

（二）工业涂装企业未使用低挥发性有机物含量涂料或者未建立、保存台账的；

（三）石油、化工以及其他生产和使用有机溶剂的企业，未采取措施对管道、设备进行日常维护、维修，减少物料泄漏或者对泄漏的物料未及时收集处理的；

（四）储油储气库、加油加气站和油罐车、气罐车等，未按照国家有关规定安装并正常使用油气回收装置的；

（五）钢铁、建材、有色金属、石油、化工、制药、矿产开采等企业，未采取集中收集处理、密闭、围挡、遮盖、清扫、洒水等措施，控制、减少粉尘和气态污染物排放的；

（六）工业生产、垃圾填埋或者其他活动中产生的可燃性气体未回收利用，不具备回收利用条件未进行防治污染处理，或者可燃性气体回收利用装置不能正常作业，未及时修复或者更新的。

第一百零九条 违反本法规定，生产超过污染物排放标准的机动车、非道路移动机械的，由省级以上人民政府环境保护主管部门责令改正，没收违法所得，并处货值金额一倍以上三倍以下的罚款，没收销毁无法达到污染物排放标准的机动车、非道路移动机械；拒不改正的，责令停产整治，并由国务院机动车生产主管部门责令停止生产该车型。

违反本法规定，机动车、非道路移动机械生产企业对发动机、污染控制装置弄虚作假、以次充好，冒充排放检验合格产品出厂销售的，由省级以上人民政府环境保护主管部门责令停产整治，没收违法所得，并处货值金额一倍以上三倍以下的罚款，没收销毁无法达到污染物排放标准的机动车、非道路移动机械，并由国务院机动车生产主管部门责令停止生产该车型。

第一百一十条 违反本法规定，进口、销售超过污染物排放标准的机动车、非道路移动机械的，由县级以上人民政府工商行政管理部门、出入境检验检疫机构按照职责没收违法所得，并处货值金额一倍以上三倍以下的罚款，没收销毁无法达到污染物排放标准的机动车、非道路移动机械；进口行为构成走私的，由海关依法予以处罚。

违反本法规定，销售的机动车、非道路移动机械不符合污染物排放标准的，销售者应当负责修理、更换、退货；给购买者造成损失的，销售者应当赔偿损失。

第一百一十一条 违反本法规定，机动车生产、进口企业未按照规定向社会公布其生产、进口机动车车型的排放检验信息或者污染控制技术信息的，由省级以上人民政府环境保护主管部门责令改正，处五万元以上五十万元以下的罚款。

违反本法规定，机动车生产、进口企业未按照规定向社会公布其生产、进口机动车车型的有关维修技术信息的，由省级以上人民政府交通运输主管部门责令改正，处五万元以上五十万元以下的罚款。

第一百一十二条 违反本法规定，伪造机动车、非道路移动机械排放检验结果或者出具虚假排放检验报告的，由县级以上人民政府环境保护主管部门没收违法所得，并处十万元以上五十万元以下的罚款；情节严重的，由负责资质认定的部门取消其检验资格。

违反本法规定，伪造船舶排放检验结果或者出具虚假排放检验报告的，由海事管理机构依法予以处罚。

违反本法规定，以临时更换机动车污染控制装置等弄虚作假的方式通过机动车排放检验或者破坏机动车车载排放诊断系统的，由县级以上人民政府环境保护主管部门责令改正，对机动车所有人处五千元的罚款；对机动车维修单位处每辆机动车五千元的罚款。

第一百一十三条 违反本法规定，机动车驾驶人驾驶排放检验不合格的机动车上道路行驶的，由公安机关交通管理部门依法予以处罚。

第一百一十四条 违反本法规定，使用排放不合格的非道路移动机械，或者在用重型柴油车、非道路移动机械未按照规定加装、更换污染控制装置的，由县级以上人民政府环境保护等主管部门按照职责责令改正，处五千元的罚款。

违反本法规定，在禁止使用高排放非道路移动机械的区域使用高排放非道路移动机械的，由城市人民政府环境保护等主管部门依法予以处罚。

第一百一十五条 违反本法规定，施工单位有下列行为之一的，由县级以上人民政府住房城乡建设等主管部门按照职责责令改正，处一万元以上十万元以下的罚款；拒不改正的，责令停工整治：

（一）施工工地未设置硬质密闭围挡，或者未采取覆盖、分段作业、择时施工、洒水抑尘、冲洗地面和车辆等有效防尘降尘措施的；

（二）建筑土方、工程渣土、建筑垃圾未及时清运，或者未采用密闭式防尘网遮盖的。

违反本法规定，建设单位未对暂时不能开工的建设用地的裸露地面进行覆盖，或者未对超过三个月不能开工的建设用地的裸露地面进行绿化、铺装或者遮盖的，由县级以上人民政府住房城乡建设等主管部门依照前款规定予以处罚。

第一百一十六条 违反本法规定，运输煤炭、垃圾、渣土、砂石、土方、灰浆等散装、流体物料的车辆，未采取密闭或者其他措施防止物料遗撒的，由县级以上地方人民政府确定的监督管理部门责令改正，处二千元以上二万元以下的罚款；拒不改正的，车辆不得上道路行驶。

第一百一十七条 违反本法规定，有下列行为之一的，由县级以上人民政府环境保护等主管部门按照职责责令改正，处一万元以上十万元以下的罚款；拒不改正的，责令停工整治或者停业整治：

（一）未密闭煤炭、煤矸石、煤渣、煤灰、水泥、石灰、石膏、砂土等易产生扬尘的物料的；

（二）对不能密闭的易产生扬尘的物料，未设置不低于堆放物高度的严密围挡，或者未采取有效覆盖措施防治扬尘污染的；

（三）装卸物料未采取密闭或者喷淋等方式控制扬尘排放的；

（四）存放煤炭、煤矸石、煤渣、煤灰等物料，未采取防燃措施的；

（五）码头、矿山、填埋场和消纳场未采取有效措施防治扬尘污染的；

（六）排放有毒有害大气污染物名录中所列有毒有害大气污染物的企业事业单位，未按照规定建设环境风险预警体系或者对排放口和周边环境进行定期监测、排查环境安全隐患并采取有效措施防范环境风险的；

（七）向大气排放持久性有机污染物的企业事业单位和其他生产经营者以及废弃物焚烧设施的运营单位，未按照国家有关规定采取有利于减少持久性有机污染物排放的技术方法和工艺，配备净化装置的；

（八）未采取措施防止排放恶臭气体的。

第一百一十八条 违反本法规定，排放油烟的餐饮服务业经营者未安装油烟净化设施、不正常使用油烟净化设施或者未采取其他油烟净化措施，超过排放标准排放油烟的，由县级以上地方人民政府确定的监督管理部门责令改正，处五千元以上五万元以下的罚款；拒不改正的，责令停业整治。

违反本法规定，在居民住宅楼、未配套设立专用烟道的商住综合楼、商住综合楼内与居住层相邻的商业楼层内新建、改建、扩建产生油烟、异味、废气的餐饮服务项目的，由县级以上地方人民政府确定的监督管理部门责令改正；拒不改正的，予以关闭，并处一万元以上十万元以下的罚款。

违反本法规定，在当地人民政府禁止的时段和区域内露天烧烤食品或者为露天烧烤食品提供场地的，由县级以上地方人民政府确定的监督管理部门责令改正，没收烧烤工具和违法所得，并处五百元以上二万元以下的罚款。

第一百一十九条 违反本法规定，在人口集中地区对树木、花草喷洒剧毒、高毒农药，或者露天焚烧秸秆、落叶等产生烟尘污染的物质的，由县级以上地方人民政府确定的监督管理部门责令改正，并可以处五百元以上二千元以下的罚款。

违反本法规定，在人口集中地区和其他依法需要特殊保护的区域内，焚烧沥青、油毡、橡胶、塑料、皮革、垃圾以及其他产生有毒有害烟尘和恶臭气体的物质的，由县级人民政府确定的监督管理部门责令改正，对单位处一万元以上十万元以下的罚款，对个人处五百元以上二千元以下的罚款。

违反本法规定，在城市人民政府禁止的时段和区域内燃放烟花爆竹的，由县级以上地方人民政府确定的监督管理部门依法予以处罚。

第一百二十条 违反本法规定，从事服装干洗和机动车维修等服务活动，未设置异味和废气处理装置等污染防治设施并保持正常使用，影响周边环境的，由县级以上地方人民政府环境保护主管部门责令改正，处二千元以上二万元以下的罚款；拒不改正的，责令停业整治。

第一百二十一条 违反本法规定，擅自向社会发布重污染天气预报预警信息，构成违反治安管理行为的，由公安机关依法予以处罚。

违反本法规定，拒不执行停止工地土石方作业或者建筑物拆除施工等重污染天气应急措施的，由县级以上地方人民政府确定的监督管理部门处一万元以上十万元以下的罚款。

第一百二十二条 违反本法规定，造成大气污染事故的，由县级以上人民政府环境保护主管部门依照本条第二款的规定处以罚款；对直接负责的主管人员和其他直接责任人员可以处上一年度从本企业事业单位取得收入百分之五十以下的罚款。

对造成一般或者较大大气污染事故的，按照污染事故造成直接损失的一倍以上三倍以下计算罚款；对造成重大或者特大大气污染事故的，按照污染事故造成的直接损失的三倍以上五倍以下计算罚款。

第一百二十三条 违反本法规定，企业事业单位和其他生产经营者有下列行为之一，受到罚款处罚，被责令改正，拒不改正的，依法作出处罚决定的行政机关可以自责令改正之日的次日起，按照原处罚数额按日连续处罚：

（一）未依法取得排污许可证排放大气污染物的；

（二）超过大气污染物排放标准或者超过重点大气污染物排放总量控制指标排放大气污染物的；

（三）通过逃避监管的方式排放大气污染物的；

（四）建筑施工或者贮存易产生扬尘的物料未采取有效措施防治扬尘污染的。

第一百二十四条 违反本法规定，对举报人以解除、变更劳动合同或者其他方式打击报复的，应当依照有关法律的规定承担责任。

第一百二十五条 排放大气污染物造成损害的，应当依法承担侵权责任。

第一百二十六条 地方各级人民政府、县级以上人民政府环境保护主管部门和其他负有大气环境保护监督管理职责的部门及其工作人员滥用职权、玩忽职守、徇私舞弊、弄虚作假的，依法给予处分。

第一百二十七条 违反本法规定，构成犯罪的，依法追究刑事责任。

第八章 附 则

第一百二十八条 海洋工程的大气污染防治，依照《中华人民共和国海洋环境保护法》的有关规定执行。

第一百二十九条 本法自2016年1月1日起施行。

中华人民共和国海洋环境保护法

（1982 年 8 月 23 日第五届全国人民代表大会常务委员会第二十四次会议通过　1999 年 12 月 25 日第九届全国人民代表大会常务委员会第十三次会议修订　根据 2013 年 12 月 28 日第十二届全国人民代表大会常务委员会第六次会议《关于修改〈中华人民共和国海洋环境保护法〉等七部法律的决定》第一次修正　根据 2016 年 11 月 7 日第十二届全国人民代表大会常务委员会第二十四次会议《关于修改〈中华人民共和国海洋环境保护法〉的决定》第二次修正）

目　　录

第一章 总 则

第一条 为了保护和改善海洋环境，保护海洋资源，防治污染损害，维护生态平衡，保障人体健康，促进经济和社会的可持续发展，制定本法。

第二条 本法适用于中华人民共和国内水、领海、毗连区、专属经济区、大陆架以及中华人民共和国管辖的其他海域。

在中华人民共和国管辖海域内从事航行、勘探、开发、生产、旅游、科学研究及其他活动，或者在沿海陆域内从事影响海洋环境活动的任何单位和个人，都必须遵守本法。

在中华人民共和国管辖海域以外，造成中华人民共和国管辖海域污染的，也适用本法。

第三条 国家在重点海洋生态功能区、生态环境敏感区和脆弱区等海域划定生态保护红线，实行严格保护。

国家建立并实施重点海域排污总量控制制度，确定主要污染物排海总量控制指标，并对主要污染源分配排放控制数量。具体办法由国务院制定。

第四条 一切单位和个人都有保护海洋环境的义务，并有权对污染损害海洋环境的单位和个人，以及海洋环境监督管理人员的违法失职行为进行监督和检举。

第五条 国务院环境保护行政主管部门作为对全国环境保护工作统一监督管理的部门，对全国海洋环境保护工作实施指导、协调和监督，并负责全国防治陆源污染物和海岸工程建设项目对海洋污染损害的环境保护工作。

国家海洋行政主管部门负责海洋环境的监督管理，组织海洋环境的调查、监测、监视、评价和科学研究，负责全国防治海洋工程建设项目和海洋倾倒废弃物对海洋污染损害的环境保护工作。

国家海事行政主管部门负责所辖港区水域内非军事船舶和港区水域

外非渔业、非军事船舶污染海洋环境的监督管理，并负责污染事故的调查处理；对在中华人民共和国管辖海域航行、停泊和作业的外国籍船舶造成的污染事故登轮检查处理。船舶污染事故给渔业造成损害的，应当吸收渔业行政主管部门参与调查处理。

国家渔业行政主管部门负责渔港水域内非军事船舶和渔港水域外渔业船舶污染海洋环境的监督管理，负责保护渔业水域生态环境工作，并调查处理前款规定的污染事故以外的渔业污染事故。

军队环境保护部门负责军事船舶污染海洋环境的监督管理及污染事故的调查处理。

沿海县级以上地方人民政府行使海洋环境监督管理权的部门的职责，由省、自治区、直辖市人民政府根据本法及国务院有关规定确定。

第六条 环境保护行政主管部门、海洋行政主管部门和其他行使海洋环境监督管理权的部门，根据职责分工依法公开海洋环境相关信息；相关排污单位应当依法公开排污信息。

第二章 海洋环境监督管理

第七条 国家海洋行政主管部门会同国务院有关部门和沿海省、自治区、直辖市人民政府根据全国海洋主体功能区规划，拟定全国海洋功能区划，报国务院批准。

沿海地方各级人民政府应当根据全国和地方海洋功能区划，保护和科学合理地使用海域。

第八条 国家根据海洋功能区划制定全国海洋环境保护规划和重点海域区域性海洋环境保护规划。

毗邻重点海域的有关沿海省、自治区、直辖市人民政府及行使海洋环境监督管理权的部门，可以建立海洋环境保护区域合作组织，负责实施重点海域区域性海洋环境保护规划、海洋环境污染的防治和海洋生态保护工作。

第九条 跨区域的海洋环境保护工作，由有关沿海地方人民政府协商解决，或者由上级人民政府协调解决。

跨部门的重大海洋环境保护工作，由国务院环境保护行政主管部门协调；协调未能解决的，由国务院作出决定。

第十条 国家根据海洋环境质量状况和国家经济、技术条件，制定国家海洋环境质量标准。

沿海省、自治区、直辖市人民政府对国家海洋环境质量标准中未作规定的项目，可以制定地方海洋环境质量标准。

沿海地方各级人民政府根据国家和地方海洋环境质量标准的规定和本行政区近岸海域环境质量状况，确定海洋环境保护的目标和任务，并纳入人民政府工作计划，按相应的海洋环境质量标准实施管理。

第十一条 国家和地方水污染物排放标准的制定，应当将国家和地方海洋环境质量标准作为重要依据之一。在国家建立并实施排污总量控制制度的重点海域，水污染物排放标准的制定，还应当将主要污染物排海总量控制指标作为重要依据。

排污单位在执行国家和地方水污染物排放标准的同时，应当遵守分解落实到本单位的主要污染物排海总量控制指标。

对超过主要污染物排海总量控制指标的重点海域和未完成海洋环境保护目标、任务的海域，省级以上人民政府环境保护行政主管部门、海洋行政主管部门，根据职责分工暂停审批新增相应种类污染物排放总量的建设项目环境影响报告书（表）。

第十二条 直接向海洋排放污染物的单位和个人，必须按照国家规定缴纳排污费。依照法律规定缴纳环境保护税的，不再缴纳排污费。

向海洋倾倒废弃物，必须按照国家规定缴纳倾倒费。

根据本法规定征收的排污费、倾倒费，必须用于海洋环境污染的整治，不得挪作他用。具体办法由国务院规定。

第十三条 国家加强防治海洋环境污染损害的科学技术的研究和开发，对严重污染海洋环境的落后生产工艺和落后设备，实行淘汰制度。

企业应当优先使用清洁能源，采用资源利用率高、污染物排放量少的清洁生产工艺，防止对海洋环境的污染。

第十四条 国家海洋行政主管部门按照国家环境监测、监视规范和标准，管理全国海洋环境的调查、监测、监视，制定具体的实施办法，会同有关部门组织全国海洋环境监测、监视网络，定期评价海洋环境质量，发布海洋巡航监视通报。

依照本法规定行使海洋环境监督管理权的部门分别负责各自所辖水域的监测、监视。

其他有关部门根据全国海洋环境监测网的分工，分别负责对入海河口、主要排污口的监测。

第十五条 国务院有关部门应当向国务院环境保护行政主管部门提供编制全国环境质量公报所必需的海洋环境监测资料。

环境保护行政主管部门应当向有关部门提供与海洋环境监督管理有关的资料。

第十六条 国家海洋行政主管部门按照国家制定的环境监测、监视信息管理制度，负责管理海洋综合信息系统，为海洋环境保护监督管理提供服务。

第十七条 因发生事故或者其他突发性事件，造成或者可能造成海洋环境污染事故的单位和个人，必须立即采取有效措施，及时向可能受到危害者通报，并向依照本法规定行使海洋环境监督管理权的部门报告，接受调查处理。

沿海县级以上地方人民政府在本行政区域近岸海域的环境受到严重污染时，必须采取有效措施，解除或者减轻危害。

第十八条 国家根据防止海洋环境污染的需要，制定国家重大海上污染事故应急计划。

国家海洋行政主管部门负责制定全国海洋石油勘探开发重大海上溢油应急计划，报国务院环境保护行政主管部门备案。

国家海事行政主管部门负责制定全国船舶重大海上溢油污染事故应

急计划，报国务院环境保护行政主管部门备案。

沿海可能发生重大海洋环境污染事故的单位，应当依照国家的规定，制定污染事故应急计划，并向当地环境保护行政主管部门、海洋行政主管部门备案。

沿海县级以上地方人民政府及其有关部门在发生重大海上污染事故时，必须按照应急计划解除或者减轻危害。

第十九条 依照本法规定行使海洋环境监督管理权的部门可以在海上实行联合执法，在巡航监视中发现海上污染事故或者违反本法规定的行为时，应当予以制止并调查取证，必要时有权采取有效措施，防止污染事态的扩大，并报告有关主管部门处理。

依照本法规定行使海洋环境监督管理权的部门，有权对管辖范围内排放污染物的单位和个人进行现场检查。被检查者应当如实反映情况，提供必要的资料。

检查机关应当为被检查者保守技术秘密和业务秘密。

第三章 海洋生态保护

第二十条 国务院和沿海地方各级人民政府应当采取有效措施，保护红树林、珊瑚礁、滨海湿地、海岛、海湾、入海河口、重要渔业水域等具有典型性、代表性的海洋生态系统，珍稀、濒危海洋生物的天然集中分布区，具有重要经济价值的海洋生物生存区域及有重大科学文化价值的海洋自然历史遗迹和自然景观。

对具有重要经济、社会价值的已遭到破坏的海洋生态，应当进行整治和恢复。

第二十一条 国务院有关部门和沿海省级人民政府应当根据保护海洋生态的需要，选划、建立海洋自然保护区。

国家级海洋自然保护区的建立，须经国务院批准。

第二十二条 凡具有下列条件之一的，应当建立海洋自然保护区：

（一）典型的海洋自然地理区域、有代表性的自然生态区域，以及遭受破坏但经保护能恢复的海洋自然生态区域；

（二）海洋生物物种高度丰富的区域，或者珍稀、濒危海洋生物物种的天然集中分布区域；

（三）具有特殊保护价值的海域、海岸、岛屿、滨海湿地、入海河口和海湾等；

（四）具有重大科学文化价值的海洋自然遗迹所在区域；

（五）其他需要予以特殊保护的区域。

第二十三条 凡具有特殊地理条件、生态系统、生物与非生物资源及海洋开发利用特殊需要的区域，可以建立海洋特别保护区，采取有效的保护措施和科学的开发方式进行特殊管理。

第二十四条 国家建立健全海洋生态保护补偿制度。

开发利用海洋资源，应当根据海洋功能区划合理布局，严格遵守生态保护红线，不得造成海洋生态环境破坏。

第二十五条 引进海洋动植物物种，应当进行科学论证，避免对海洋生态系统造成危害。

第二十六条 开发海岛及周围海域的资源，应当采取严格的生态保护措施，不得造成海岛地形、岸滩、植被以及海岛周围海域生态环境的破坏。

第二十七条 沿海地方各级人民政府应当结合当地自然环境的特点，建设海岸防护设施、沿海防护林、沿海城镇园林和绿地，对海岸侵蚀和海水入侵地区进行综合治理。

禁止毁坏海岸防护设施、沿海防护林、沿海城镇园林和绿地。

第二十八条 国家鼓励发展生态渔业建设，推广多种生态渔业生产方式，改善海洋生态状况。

新建、改建、扩建海水养殖场，应当进行环境影响评价。

海水养殖应当科学确定养殖密度，并应当合理投饵、施肥，正确使用药物，防止造成海洋环境的污染。

第四章 防治陆源污染物对海洋环境的污染损害

第二十九条 向海域排放陆源污染物，必须严格执行国家或者地方规定的标准和有关规定。

第三十条 入海排污口位置的选择，应当根据海洋功能区划、海水动力条件和有关规定，经科学论证后，报设区的市级以上人民政府环境保护行政主管部门审查批准。

环境保护行政主管部门在批准设置入海排污口之前，必须征求海洋、海事、渔业行政主管部门和军队环境保护部门的意见。

在海洋自然保护区、重要渔业水域、海滨风景名胜区和其他需要特别保护的区域，不得新建排污口。

在有条件的地区，应当将排污口深海设置，实行离岸排放。设置陆源污染物深海离岸排放排污口，应当根据海洋功能区划、海水动力条件和海底工程设施的有关情况确定，具体办法由国务院规定。

第三十一条 省、自治区、直辖市人民政府环境保护行政主管部门和水行政主管部门应当按照水污染防治有关法律的规定，加强入海河流管理，防治污染，使入海河口的水质处于良好状态。

第三十二条 排放陆源污染物的单位，必须向环境保护行政主管部门申报拥有的陆源污染物排放设施、处理设施和在正常作业条件下排放陆源污染物的种类、数量和浓度，并提供防治海洋环境污染方面的有关技术和资料。

排放陆源污染物的种类、数量和浓度有重大改变的，必须及时申报。

第三十三条 禁止向海域排放油类、酸液、碱液、剧毒废液和高、中水平放射性废水。

严格限制向海域排放低水平放射性废水；确需排放的，必须严格执行国家辐射防护规定。

严格控制向海域排放含有不易降解的有机物和重金属的废水。

第三十四条 含病原体的医疗污水、生活污水和工业废水必须经过处理，符合国家有关排放标准后，方能排入海域。

第三十五条 含有机物和营养物质的工业废水、生活污水，应当严格控制向海湾、半封闭海及其他自净能力较差的海域排放。

第三十六条 向海域排放含热废水，必须采取有效措施，保证邻近渔业水域的水温符合国家海洋环境质量标准，避免热污染对水产资源的危害。

第三十七条 沿海农田、林场施用化学农药，必须执行国家农药安全使用的规定和标准。

沿海农田、林场应当合理使用化肥和植物生长调节剂。

第三十八条 在岸滩弃置、堆放和处理尾矿、矿渣、煤灰渣、垃圾和其他固体废物的，依照《中华人民共和国固体废物污染环境防治法》的有关规定执行。

第三十九条 禁止经中华人民共和国内水、领海转移危险废物。

经中华人民共和国管辖的其他海域转移危险废物的，必须事先取得国务院环境保护行政主管部门的书面同意。

第四十条 沿海城市人民政府应当建设和完善城市排水管网，有计划地建设城市污水处理厂或者其他污水集中处理设施，加强城市污水的综合整治。

建设污水海洋处置工程，必须符合国家有关规定。

第四十一条 国家采取必要措施，防止、减少和控制来自大气层或者通过大气层造成的海洋环境污染损害。

第五章 防治海岸工程建设项目对海洋环境的污染损害

第四十二条 新建、改建、扩建海岸工程建设项目，必须遵守国家有关建设项目环境保护管理的规定，并把防治污染所需资金纳入建设项目投资计划。

在依法划定的海洋自然保护区、海滨风景名胜区、重要渔业水域及其他需要特别保护的区域，不得从事污染环境、破坏景观的海岸工程项目建设或者其他活动。

第四十三条 海岸工程建设项目单位，必须对海洋环境进行科学调查，根据自然条件和社会条件，合理选址，编制环境影响报告书（表）。在建设项目开工前，将环境影响报告书（表）报环境保护行政主管部门审查批准。

环境保护行政主管部门在批准环境影响报告书（表）之前，必须征求海洋、海事、渔业行政主管部门和军队环境保护部门的意见。

第四十四条 海岸工程建设项目的环境保护设施，必须与主体工程同时设计、同时施工、同时投产使用。环境保护设施应当符合经批准的环境影响评价报告书（表）的要求。

第四十五条 禁止在沿海陆域内新建不具备有效治理措施的化学制浆造纸、化工、印染、制革、电镀、酿造、炼油、岸边冲滩拆船以及其他严重污染海洋环境的工业生产项目。

第四十六条 兴建海岸工程建设项目，必须采取有效措施，保护国家和地方重点保护的野生动植物及其生存环境和海洋水产资源。

严格限制在海岸采挖砂石。露天开采海滨砂矿和从岸上打井开采海底矿产资源，必须采取有效措施，防止污染海洋环境。

第六章 防治海洋工程建设项目对海洋环境的污染损害

第四十七条 海洋工程建设项目必须符合全国海洋主体功能区规划、海洋功能区划、海洋环境保护规划和国家有关环境保护标准。海洋工程建设项目单位应当对海洋环境进行科学调查，编制海洋环境影响报告书（表），并在建设项目开工前，报海洋行政主管部门审查批准。

海洋行政主管部门在批准海洋环境影响报告书（表）之前，必须征求海事、渔业行政主管部门和军队环境保护部门的意见。

第四十八条 海洋工程建设项目的环境保护设施，必须与主体工程同时设计、同时施工、同时投产使用。环境保护设施未经海洋行政主管部门验收，或者经验收不合格的，建设项目不得投入生产或者使用。

拆除或者闲置环境保护设施，必须事先征得海洋行政主管部门的同意。

第四十九条 海洋工程建设项目，不得使用含超标准放射性物质或者易溶出有毒有害物质的材料。

第五十条 海洋工程建设项目需要爆破作业时，必须采取有效措施，保护海洋资源。

海洋石油勘探开发及输油过程中，必须采取有效措施，避免溢油事故的发生。

第五十一条 海洋石油钻井船、钻井平台和采油平台的含油污水和油性混合物，必须经过处理达标后排放；残油、废油必须予以回收，不得排放入海。经回收处理后排放的，其含油量不得超过国家规定的标准。

钻井所使用的油基泥浆和其他有毒复合泥浆不得排放入海。水基泥浆和无毒复合泥浆及钻屑的排放，必须符合国家有关规定。

第五十二条 海洋石油钻井船、钻井平台和采油平台及其有关海上设施，不得向海域处置含油的工业垃圾。处置其他工业垃圾，不得造成海洋环境污染。

第五十三条 海上试油时，应当确保油气充分燃烧，油和油性混合物不得排放入海。

第五十四条 勘探开发海洋石油，必须按有关规定编制溢油应急计划，报国家海洋行政主管部门的海区派出机构备案。

第七章　防治倾倒废弃物对海洋环境的污染损害

第五十五条　任何单位未经国家海洋行政主管部门批准，不得向中华人民共和国管辖海域倾倒任何废弃物。

需要倾倒废弃物的单位，必须向国家海洋行政主管部门提出书面申请，经国家海洋行政主管部门审查批准，发给许可证后，方可倾倒。

禁止中华人民共和国境外的废弃物在中华人民共和国管辖海域倾倒。

第五十六条　国家海洋行政主管部门根据废弃物的毒性、有毒物质含量和对海洋环境影响程度，制定海洋倾倒废弃物评价程序和标准。

向海洋倾倒废弃物，应当按照废弃物的类别和数量实行分级管理。

可以向海洋倾倒的废弃物名录，由国家海洋行政主管部门拟定，经国务院环境保护行政主管部门提出审核意见后，报国务院批准。

第五十七条　国家海洋行政主管部门按照科学、合理、经济、安全的原则选划海洋倾倒区，经国务院环境保护行政主管部门提出审核意见后，报国务院批准。

临时性海洋倾倒区由国家海洋行政主管部门批准，并报国务院环境保护行政主管部门备案。

国家海洋行政主管部门在选划海洋倾倒区和批准临时性海洋倾倒区之前，必须征求国家海事、渔业行政主管部门的意见。

第五十八条　国家海洋行政主管部门监督管理倾倒区的使用，组织倾倒区的环境监测。对经确认不宜继续使用的倾倒区，国家海洋行政主管部门应当予以封闭，终止在该倾倒区的一切倾倒活动，并报国务院备案。

第五十九条　获准倾倒废弃物的单位，必须按照许可证注明的期限及条件，到指定的区域进行倾倒。废弃物装载之后，批准部门应当予以核实。

第六十条　获准倾倒废弃物的单位，应当详细记录倾倒的情况，并在倾倒后向批准部门作出书面报告。倾倒废弃物的船舶必须向驶出港的海事行政主管部门作出书面报告。

第六十一条 禁止在海上焚烧废弃物。

禁止在海上处置放射性废弃物或者其他放射性物质。废弃物中的放射性物质的豁免浓度由国务院制定。

第八章 防治船舶及有关作业活动对海洋环境的污染损害

第六十二条 在中华人民共和国管辖海域，任何船舶及相关作业不得违反本法规定向海洋排放污染物、废弃物和压载水、船舶垃圾及其他有害物质。

从事船舶污染物、废弃物、船舶垃圾接收、船舶清舱、洗舱作业活动的，必须具备相应的接收处理能力。

第六十三条 船舶必须按照有关规定持有防止海洋环境污染的证书与文书，在进行涉及污染物排放及操作时，应当如实记录。

第六十四条 船舶必须配置相应的防污设备和器材。

载运具有污染危害性货物的船舶，其结构与设备应当能够防止或者减轻所载货物对海洋环境的污染。

第六十五条 船舶应当遵守海上交通安全法律、法规的规定，防止因碰撞、触礁、搁浅、火灾或者爆炸等引起的海难事故，造成海洋环境的污染。

第六十六条 国家完善并实施船舶油污损害民事赔偿责任制度；按照船舶油污损害赔偿责任由船东和货主共同承担风险的原则，建立船舶油污保险、油污损害赔偿基金制度。

实施船舶油污保险、油污损害赔偿基金制度的具体办法由国务院规定。

第六十七条 载运具有污染危害性货物进出港口的船舶，其承运人、货物所有人或者代理人，必须事先向海事行政主管部门申报。经批准后，方可进出港口、过境停留或者装卸作业。

第六十八条 交付船舶装运污染危害性货物的单证、包装、标志、数量限制等，必须符合对所装货物的有关规定。

需要船舶装运污染危害性不明的货物，应当按照有关规定事先进行评估。

装卸油类及有毒有害货物的作业，船岸双方必须遵守安全防污操作规程。

第六十九条 港口、码头、装卸站和船舶修造厂必须按照有关规定备有足够的用于处理船舶污染物、废弃物的接收设施，并使该设施处于良好状态。

装卸油类的港口、码头、装卸站和船舶必须编制溢油污染应急计划，并配备相应的溢油污染应急设备和器材。

第七十条 船舶及有关作业活动应当遵守有关法律法规和标准，采取有效措施，防止造成海洋环境污染。海事行政主管部门等有关部门应当加强对船舶及有关作业活动的监督管理。

船舶进行散装液体污染危害性货物的过驳作业，应当事先按照有关规定报经海事行政主管部门批准。

第七十一条 船舶发生海难事故，造成或者可能造成海洋环境重大污染损害的，国家海事行政主管部门有权强制采取避免或者减少污染损害的措施。

对在公海上因发生海难事故，造成中华人民共和国管辖海域重大污染损害后果或者具有污染威胁的船舶、海上设施，国家海事行政主管部门有权采取与实际的或者可能发生的损害相称的必要措施。

第七十二条 所有船舶均有监视海上污染的义务，在发现海上污染事故或者违反本法规定的行为时，必须立即向就近的依照本法规定行使海洋环境监督管理权的部门报告。

民用航空器发现海上排污或者污染事件，必须及时向就近的民用航空空中交通管制单位报告。接到报告的单位，应当立即向依照本法规定行使海洋环境监督管理权的部门通报。

第九章　法 律 责 任

第七十三条　违反本法有关规定，有下列行为之一的，由依照本法规定行使海洋环境监督管理权的部门责令停止违法行为、限期改正或者责令采取限制生产、停产整治等措施，并处以罚款；拒不改正的，依法作出处罚决定的部门可以自责令改正之日的次日起，按照原罚款数额按日连续处罚；情节严重的，报经有批准权的人民政府批准，责令停业、关闭：

（一）向海域排放本法禁止排放的污染物或者其他物质的；

（二）不按照本法规定向海洋排放污染物，或者超过标准、总量控制指标排放污染物的；

（三）未取得海洋倾倒许可证，向海洋倾倒废弃物的；

（四）因发生事故或者其他突发性事件，造成海洋环境污染事故，不立即采取处理措施的。

有前款第（一）、（三）项行为之一的，处三万元以上二十万元以下的罚款；有前款第（二）、（四）项行为之一的，处二万元以上十万元以下的罚款。

第七十四条　违反本法有关规定，有下列行为之一的，由依照本法规定行使海洋环境监督管理权的部门予以警告，或者处以罚款：

（一）不按照规定申报，甚至拒报污染物排放有关事项，或者在申报时弄虚作假的；

（二）发生事故或者其他突发性事件不按照规定报告的；

（三）不按照规定记录倾倒情况，或者不按照规定提交倾倒报告的；

（四）拒报或者谎报船舶载运污染危害性货物申报事项的。

有前款第（一）、（三）项行为之一的，处二万元以下的罚款；有前款第（二）、（四）项行为之一的，处五万元以下的罚款。

第七十五条 违反本法第十九条第二款的规定，拒绝现场检查，或者在被检查时弄虚作假的，由依照本法规定行使海洋环境监督管理权的部门予以警告，并处二万元以下的罚款。

第七十六条 违反本法规定，造成珊瑚礁、红树林等海洋生态系统及海洋水产资源、海洋保护区破坏的，由依照本法规定行使海洋环境监督管理权的部门责令限期改正和采取补救措施，并处一万元以上十万元以下的罚款；有违法所得的，没收其违法所得。

第七十七条 违反本法第三十条第一款、第三款规定设置入海排污口的，由县级以上地方人民政府环境保护行政主管部门责令其关闭，并处二万元以上十万元以下的罚款。

第七十八条 违反本法第三十九条第二款的规定，经中华人民共和国管辖海域，转移危险废物的，由国家海事行政主管部门责令非法运输该危险废物的船舶退出中华人民共和国管辖海域，并处五万元以上五十万元以下的罚款。

第七十九条 海岸工程建设项目未依法进行环境影响评价的，依照《中华人民共和国环境影响评价法》的规定处理。

第八十条 违反本法第四十四条的规定，海岸工程建设项目未建成环境保护设施，或者环境保护设施未达到规定要求即投入生产、使用的，由环境保护行政主管部门责令其停止生产或者使用，并处二万元以上十万元以下的罚款。

第八十一条 违反本法第四十五条的规定，新建严重污染海洋环境的工业生产建设项目的，按照管理权限，由县级以上人民政府责令关闭。

第八十二条 违反本法第四十七条第一款的规定，进行海洋工程建设项目的，由海洋行政主管部门责令其停止施工，根据违法情节和危害后果，处建设项目总投资额百分之一以上百分之五以下的罚款，并可以责令恢复原状。

违反本法第四十八条的规定，海洋工程建设项目未建成环境保护设施、环境保护设施未达到规定要求即投入生产、使用的，由海洋行政主管部门责令其停止生产、使用，并处五万元以上二十万元以下的罚款。

第八十三条 违反本法第四十九条的规定，使用含超标准放射性物质或者易溶出有毒有害物质材料的，由海洋行政主管部门处五万元以下的罚款，并责令其停止该建设项目的运行，直到消除污染危害。

第八十四条 违反本法规定进行海洋石油勘探开发活动，造成海洋环境污染的，由国家海洋行政主管部门予以警告，并处二万元以上二十万元以下的罚款。

第八十五条 违反本法规定，不按照许可证的规定倾倒，或者向已经封闭的倾倒区倾倒废弃物的，由海洋行政主管部门予以警告，并处三万元以上二十万元以下的罚款；对情节严重的，可以暂扣或者吊销许可证。

第八十六条 违反本法第五十五条第三款的规定，将中华人民共和国境外废弃物运进中华人民共和国管辖海域倾倒的，由国家海洋行政主管部门予以警告，并根据造成或者可能造成的危害后果，处十万元以上一百万元以下的罚款。

第八十七条 违反本法规定，有下列行为之一的，由依照本法规定行使海洋环境监督管理权的部门予以警告，或者处以罚款：

（一）港口、码头、装卸站及船舶未配备防污设施、器材的；

（二）船舶未持有防污证书、防污文书，或者不按照规定记载排污记录的；

（三）从事水上和港区水域拆船、旧船改装、打捞和其他水上、水下施工作业，造成海洋环境污染损害的；

（四）船舶载运的货物不具备防污适运条件的。

有前款第（一）、（四）项行为之一的，处二万元以上十万元以下的罚款；有前款第（二）项行为的，处二万元以下的罚款；有前款第（三）项行为的，处五万元以上二十万元以下的罚款。

第八十八条 违反本法规定，船舶、石油平台和装卸油类的港口、码头、装卸站不编制溢油应急计划的，由依照本法规定行使海洋环境监督管理权的部门予以警告，或者责令限期改正。

第八十九条 造成海洋环境污染损害的责任者，应当排除危害，并赔偿损失；完全由于第三者的故意或者过失，造成海洋环境污染损害的，由第三者排除危害，并承担赔偿责任。

对破坏海洋生态、海洋水产资源、海洋保护区，给国家造成重大损失的，由依照本法规定行使海洋环境监督管理权的部门代表国家对责任者提出损害赔偿要求。

第九十条 对违反本法规定，造成海洋环境污染事故的单位，除依法承担赔偿责任外，由依照本法规定行使海洋环境监督管理权的部门依照本条第二款的规定处以罚款；对直接负责的主管人员和其他直接责任人员可以处上一年度从本单位取得收入百分之五十以下的罚款；直接负责的主管人员和其他直接责任人员属于国家工作人员的，依法给予处分。

对造成一般或者较大海洋环境污染事故的，按照直接损失的百分之二十计算罚款；对造成重大或者特大海洋环境污染事故的，按照直接损失的百分之三十计算罚款。

对严重污染海洋环境、破坏海洋生态，构成犯罪的，依法追究刑事责任。

第九十一条 完全属于下列情形之一，经过及时采取合理措施，仍然不能避免对海洋环境造成污染损害的，造成污染损害的有关责任者免予承担责任：

（一）战争；

（二）不可抗拒的自然灾害；

（三）负责灯塔或者其他助航设备的主管部门，在执行职责时的疏忽，或者其他过失行为。

第九十二条 对违反本法第十二条有关缴纳排污费、倾倒费规定的行政处罚，由国务院规定。

第九十三条 海洋环境监督管理人员滥用职权、玩忽职守、徇私舞弊，造成海洋环境污染损害的，依法给予行政处分；构成犯罪的，依法追究刑事责任。

第十章 附 则

第九十四条 本法中下列用语的含义是：

（一）海洋环境污染损害，是指直接或者间接地把物质或者能量引入海洋环境，产生损害海洋生物资源、危害人体健康、妨害渔业和海上其他合法活动、损害海水使用素质和减损环境质量等有害影响。

（二）内水，是指我国领海基线向内陆一侧的所有海域。

（三）滨海湿地，是指低潮时水深浅于六米的水域及其沿岸浸湿地带，包括水深不超过六米的永久性水域、潮间带（或洪泛地带）和沿海低地等。

（四）海洋功能区划，是指依据海洋自然属性和社会属性，以及自然资源和环境特定条件，界定海洋利用的主导功能和使用范畴。

（五）渔业水域，是指鱼虾类的产卵场、索饵场、越冬场、洄游通道和鱼虾贝藻类的养殖场。

（六）油类，是指任何类型的油及其炼制品。

（七）油性混合物，是指任何含有油份的混合物。

（八）排放，是指把污染物排入海洋的行为，包括泵出、溢出、泄出、喷出和倒出。

（九）陆地污染源（简称陆源），是指从陆地向海域排放污染物，造成或者可能造成海洋环境污染的场所、设施等。

（十）陆源污染物，是指由陆地污染源排放的污染物。

（十一）倾倒，是指通过船舶、航空器、平台或者其他载运工具，向海洋处置废弃物和其他有害物质的行为，包括弃置船舶、航空器、平台及其辅助设施和其他浮动工具的行为。

（十二）沿海陆域，是指与海岸相连，或者通过管道、沟渠、设施，直接或者间接向海洋排放污染物及其相关活动的一带区域。

（十三）海上焚烧，是指以热摧毁为目的，在海上焚烧设施上，故意焚烧废弃物或者其他物质的行为，但船舶、平台或者其他人工构造物正常操作中，所附带发生的行为除外。

第九十五条　涉及海洋环境监督管理的有关部门的具体职权划分，本法未作规定的，由国务院规定。

第九十六条　中华人民共和国缔结或者参加的与海洋环境保护有关的国际条约与本法有不同规定的，适用国际条约的规定；但是，中华人民共和国声明保留的条款除外。

第九十七条　本法自 2000 年 4 月 1 日起施行。

最高人民法院关于审理环境侵权责任纠纷案件适用法律若干问题的解释

（2015年2月9日最高人民法院审判委员会第1644次会议通过　2015年6月1日最高人民法院公告公布　自2015年6月3日起施行　法释〔2015〕12号）

为正确审理环境侵权责任纠纷案件，根据《中华人民共和国侵权责任法》《中华人民共和国环境保护法》《中华人民共和国民事诉讼法》等法律的规定，结合审判实践，制定本解释。

第一条　因污染环境造成损害，不论污染者有无过错，污染者应当承担侵权责任。污染者以排污符合国家或者地方污染物排放标准为由主张不承担责任的，人民法院不予支持。

污染者不承担责任或者减轻责任的情形，适用海洋环境保护法、水污染防治法、大气污染防治法等环境保护单行法的规定；相关环境保护单行法没有规定的，适用侵权责任法的规定。

第二条　两个以上污染者共同实施污染行为造成损害，被侵权人根据侵权责任法第八条规定请求污染者承担连带责任的，人民法院应予支持。

第三条　两个以上污染者分别实施污染行为造成同一损害，每一个污染者的污染行为都足以造成全部损害，被侵权人根据侵权责任法第十一条规定请求污染者承担连带责任的，人民法院应予支持。

两个以上污染者分别实施污染行为造成同一损害，每一个污染者的污染行为都不足以造成全部损害，被侵权人根据侵权责任法第十二条规定请求污染者承担责任的，人民法院应予支持。

两个以上污染者分别实施污染行为造成同一损害，部分污染者的污染行为足以造成全部损害，部分污染者的污染行为只造成部分损害，被侵权人根据侵权责任法第十一条规定请求足以造成全部损害的污染者与其他污染者就共同造成的损害部分承担连带责任，并对全部损害承担责任的，人民法院应予支持。

第四条 两个以上污染者污染环境，对污染者承担责任的大小，人民法院应当根据污染物的种类、排放量、危害性以及有无排污许可证、是否超过污染物排放标准、是否超过重点污染物排放总量控制指标等因素确定。

第五条 被侵权人根据侵权责任法第六十八条规定分别或者同时起诉污染者、第三人的，人民法院应予受理。

被侵权人请求第三人承担赔偿责任的，人民法院应当根据第三人的过错程度确定其相应赔偿责任。

污染者以第三人的过错污染环境造成损害为由主张不承担责任或者减轻责任的，人民法院不予支持。

第六条 被侵权人根据侵权责任法第六十五条规定请求赔偿的，应当提供证明以下事实的证据材料：

（一）污染者排放了污染物；

（二）被侵权人的损害；

（三）污染者排放的污染物或者其次生污染物与损害之间具有关联性。

第七条 污染者举证证明下列情形之一的，人民法院应当认定其污染行为与损害之间不存在因果关系：

（一）排放的污染物没有造成该损害可能的；

（二）排放的可造成该损害的污染物未到达该损害发生地的；

（三）该损害于排放污染物之前已发生的；

（四）其他可以认定污染行为与损害之间不存在因果关系的情形。

第八条 对查明环境污染案件事实的专门性问题，可以委托具备相关资格的司法鉴定机构出具鉴定意见或者由国务院环境保护主管部门推荐的机构出具检验报告、检测报告、评估报告或者监测数据。

第九条 当事人申请通知一至两名具有专门知识的人出庭，就鉴定意见或者污染物认定、损害结果、因果关系等专业问题提出意见的，人民法院可以准许。当事人未申请，人民法院认为有必要的，可以进行释明。

具有专门知识的人在法庭上提出的意见，经当事人质证，可以作为认定案件事实的根据。

第十条 负有环境保护监督管理职责的部门或者其委托的机构出具的环境污染事件调查报告、检验报告、检测报告、评估报告或者监测数据等，经当事人质证，可以作为认定案件事实的根据。

第十一条 对于突发性或者持续时间较短的环境污染行为，在证据可能灭失或者以后难以取得的情况下，当事人或者利害关系人根据民事诉讼法第八十一条规定申请证据保全的，人民法院应当准许。

第十二条 被申请人具有环境保护法第六十三条规定情形之一，当事人或者利害关系人根据民事诉讼法第一百条或者第一百零一条规定申请保全的，人民法院可以裁定责令被申请人立即停止侵害行为或者采取污染防治措施。

第十三条 人民法院应当根据被侵权人的诉讼请求以及具体案情，合理判定污染者承担停止侵害、排除妨碍、消除危险、恢复原状、赔礼道歉、赔偿损失等民事责任。

第十四条 被侵权人请求恢复原状的，人民法院可以依法裁判污染者承担环境修复责任，并同时确定被告不履行环境修复义务时应当承担的环境修复费用。

污染者在生效裁判确定的期限内未履行环境修复义务的，人民法院可以委托其他人进行环境修复，所需费用由污染者承担。

第十五条 被侵权人起诉请求污染者赔偿因污染造成的财产损失、人身损害以及为防止污染扩大、消除污染而采取必要措施所支出的合理费用的，人民法院应予支持。

第十六条 下列情形之一，应当认定为环境保护法第六十五条规定的弄虚作假：

（一）环境影响评价机构明知委托人提供的材料虚假而出具严重失实的评价文件的；

（二）环境监测机构或者从事环境监测设备维护、运营的机构故意隐瞒委托人超过污染物排放标准或者超过重点污染物排放总量控制指标的事实的；

（三）从事防治污染设施维护、运营的机构故意不运行或者不正常运行环境监测设备或者防治污染设施的；

（四）有关机构在环境服务活动中其他弄虚作假的情形。

第十七条 被侵权人提起诉讼，请求污染者停止侵害、排除妨碍、消除危险的，不受环境保护法第六十六条规定的时效期间的限制。

第十八条 本解释适用于审理因污染环境、破坏生态造成损害的民事案件，但法律和司法解释对环境民事公益诉讼案件另有规定的除外。

相邻污染侵害纠纷、劳动者在职业活动中因受污染损害发生的纠纷，不适用本解释。

第十九条 本解释施行后，人民法院尚未审结的一审、二审案件适用本解释规定。本解释施行前已经作出生效裁判的案件，本解释施行后依法再审的，不适用本解释。

本解释施行后，最高人民法院以前颁布的司法解释与本解释不一致的，不再适用。

最高人民法院关于审理环境民事公益诉讼案件适用法律若干问题的解释

（2014 年 12 月 8 日最高人民法院审判委员会第 1631 次会议通过 2015 年 1 月 6 日最高人民法院公告公布 自 2015 年 1 月 7 日起施行 法释〔2015〕1 号）

为正确审理环境民事公益诉讼案件，根据《中华人民共和国民事诉讼法》《中华人民共和国侵权责任法》《中华人民共和国环境保护法》等法律的规定，结合审判实践，制定本解释。

第一条 法律规定的机关和有关组织依据民事诉讼法第五十五条、环境保护法第五十八条等法律的规定，对已经损害社会公共利益或者具有损害社会公共利益重大风险的污染环境、破坏生态的行为提起诉讼，符合民事诉讼法第一百一十九条第二项、第三项、第四项规定的，人民法院应予受理。

第二条 依照法律、法规的规定，在设区的市级以上人民政府民政部门登记的社会团体、民办非企业单位以及基金会等，可以认定为环境保护法第五十八条规定的社会组织。

第三条 设区的市，自治州、盟、地区，不设区的地级市，直辖市的区以上人民政府民政部门，可以认定为环境保护法第五十八条规定的“设区的市级以上人民政府民政部门”。

第四条 社会组织章程确定的宗旨和主要业务范围是维护社会公共利益，且从事环境保护公益活动的，可以认定为环境保护法第五十八条规定的“专门从事环境保护公益活动”。

社会组织提起的诉讼所涉及的社会公共利益，应与其宗旨和业务范围具有关联性。

第五条 社会组织在提起诉讼前五年内未因从事业务活动违反法律、

法规的规定受过行政、刑事处罚的，可以认定为环境保护法第五十八条规定的“无违法记录”。

第六条 第一审环境民事公益诉讼案件由污染环境、破坏生态行为发生地、损害结果地或者被告住所地的中级以上人民法院管辖。

中级人民法院认为确有必要的，可以在报请高级人民法院批准后，裁定将本院管辖的第一审环境民事公益诉讼案件交由基层人民法院审理。

同一原告或者不同原告对同一污染环境、破坏生态行为分别向两个以上有管辖权的人民法院提起环境民事公益诉讼的，由最先立案的人民法院管辖，必要时由共同上级人民法院指定管辖。

第七条 经最高人民法院批准，高级人民法院可以根据本辖区环境和生态保护的实际情况，在辖区内确定部分中级人民法院受理第一审环境民事公益诉讼案件。

中级人民法院管辖环境民事公益诉讼案件的区域由高级人民法院确定。

第八条 提起环境民事公益诉讼应当提交下列材料：

（一）符合民事诉讼法第一百二十一条规定的起诉状，并按照被告人数提出副本；

（二）被告的行为已经损害社会公共利益或者具有损害社会公共利益重大风险的初步证明材料；

（三）社会组织提起诉讼的，应当提交社会组织登记证书、章程、起诉前连续五年的年度工作报告书或者年检报告书，以及由其法定代表人或者负责人签字并加盖公章的无违法记录的声明。

第九条 人民法院认为原告提出的诉讼请求不足以保护社会公共利益的，可以向其释明变更或者增加停止侵害、恢复原状等诉讼请求。

第十条 人民法院受理环境民事公益诉讼后，应当在立案之日起五日内将起诉状副本发送被告，并公告案件受理情况。

有权提起诉讼的其他机关和社会组织在公告之日起三十日内申请参加诉讼，经审查符合法定条件的，人民法院应当将其列为共同原告；逾期申请的，不予准许。

公民、法人和其他组织以人身、财产受到损害为由申请参加诉讼的，告知其另行起诉。

第十一条 检察机关、负有环境保护监督管理职责的部门及其他机关、社会组织、企业事业单位依据民事诉讼法第十五条的规定，可以通过提供法律咨询、提交书面意见、协助调查取证等方式支持社会组织依法提起环境民事公益诉讼。

第十二条 人民法院受理环境民事公益诉讼后，应当在十日内告知对被告行为负有环境保护监督管理职责的部门。

第十三条 原告请求被告提供其排放的主要污染物名称、排放方式、排放浓度和总量、超标排放情况以及防治污染设施的建设和运行情况等环境信息，法律、法规、规章规定被告应当持有或者有证据证明被告持有而拒不提供，如果原告主张相关事实不利于被告的，人民法院可以推定该主张成立。

第十四条 对于审理环境民事公益诉讼案件需要的证据，人民法院认为必要的，应当调查收集。

对于应当由原告承担举证责任且为维护社会公共利益所必要的专门性问题，人民法院可以委托具备资格的鉴定人进行鉴定。

第十五条 当事人申请通知有专门知识的人出庭，就鉴定人作出的鉴定意见或者就因果关系、生态环境修复方式、生态环境修复费用以及生态环境受到损害至恢复原状期间服务功能的损失等专门性问题提出意见的，人民法院可以准许。

前款规定的专家意见经质证，可以作为认定事实的根据。

第十六条 原告在诉讼过程中承认的对己方不利的事实和认可的证据，人民法院认为损害社会公共利益的，应当不予确认。

第十七条 环境民事公益诉讼案件审理过程中，被告以反诉方式提出诉讼请求的，人民法院不予受理。

第十八条 对污染环境、破坏生态，已经损害社会公共利益或者具有损害社会公共利益重大风险的行为，原告可以请求被告承担停止侵害、排除妨碍、消除危险、恢复原状、赔偿损失、赔礼道歉等民事责任。

第十九条 原告为防止生态环境损害的发生和扩大，请求被告停止侵害、排除妨碍、消除危险的，人民法院可以依法予以支持。

原告为停止侵害、排除妨碍、消除危险采取合理预防、处置措施而发生的费用，请求被告承担的，人民法院可以依法予以支持。

第二十条 原告请求恢复原状的，人民法院可以依法判决被告将生态环境修复到损害发生之前的状态和功能。无法完全修复的，可以准许采用替代性修复方式。

人民法院可以在判决被告修复生态环境的同时，确定被告不履行修复义务时应承担的生态环境修复费用；也可以直接判决被告承担生态环境修复费用。

生态环境修复费用包括制定、实施修复方案的费用和监测、监管等费用。

第二十一条 原告请求被告赔偿生态环境受到损害至恢复原状期间服务功能损失的，人民法院可以依法予以支持。

第二十二条 原告请求被告承担检验、鉴定费用，合理的律师费以及为诉讼支出的其他合理费用的，人民法院可以依法予以支持。

第二十三条 生态环境修复费用难以确定或者确定具体数额所需鉴定费用明显过高的，人民法院可以结合污染环境、破坏生态的范围和程度、生态环境的稀缺性、生态环境恢复的难易程度、防治污染设备的运行成本、被告因侵害行为所获得的利益以及过错程度等因素，并可以参考负有环境保护监督管理职责的部门的意见、专家意见等，予以合理确定。

第二十四条 人民法院判决被告承担的生态环境修复费用、生态环境受到损害至恢复原状期间服务功能损失等款项，应当用于修复被损害的生态环境。

其他环境民事公益诉讼中败诉原告所需承担的调查取证、专家咨询、检验、鉴定等必要费用，可以酌情从上述款项中支付。

第二十五条 环境民事公益诉讼当事人达成调解协议或者自行达成和解协议后，人民法院应当将协议内容公告，公告期间不少于三十日。

公告期满后，人民法院审查认为调解协议或者和解协议的内容不损害社会公共利益的，应当出具调解书。当事人以达成和解协议为由申请撤诉的，不予准许。

调解书应当写明诉讼请求、案件的基本事实和协议内容，并应当公开。

第二十六条 负有环境保护监督管理职责的部门依法履行监管职责而使原告诉讼请求全部实现，原告申请撤诉的，人民法院应予准许。

第二十七条 法庭辩论终结后，原告申请撤诉的，人民法院不予准许，但本解释第二十六条规定的情形除外。

第二十八条 环境民事公益诉讼案件的裁判生效后，有权提起诉讼的其他机关和社会组织就同一污染环境、破坏生态行为另行起诉，有下列情形之一的，人民法院应予受理：

（一）前案原告的起诉被裁定驳回的；

（二）前案原告申请撤诉被裁定准许的，但本解释第二十六条规定的情形除外。

环境民事公益诉讼案件的裁判生效后，有证据证明存在前案审理时未发现的损害，有权提起诉讼的机关和社会组织另行起诉的，人民法院应予受理。

第二十九条 法律规定的机关和社会组织提起环境民事公益诉讼的，不影响因同一污染环境、破坏生态行为受到人身、财产损害的公民、法人和其他组织依据民事诉讼法第一百一十九条的规定提起诉讼。

第三十条 已为环境民事公益诉讼生效裁判认定的事实，因同一污染环境、破坏生态行为依据民事诉讼法第一百一十九条规定提起诉讼的原告、被告均无需举证证明，但原告对该事实有异议并有相反证据足以推翻的除外。

对于环境民事公益诉讼生效裁判就被告是否存在法律规定的不承担责任或者减轻责任的情形、行为与损害之间是否存在因果关系、被告承担责任的大小等所作的认定，因同一污染环境、破坏生态行为依据民事诉讼法第一百一十九条规定提起诉讼的原告主张适用的，人民法院应予支持，但被告有相反证据足以推翻的除外。被告主张直接适用对其有利的认定的，人民法院不予支持，被告仍应举证证明。

第三十一条 被告因污染环境、破坏生态在环境民事公益诉讼和其他民事诉讼中均承担责任，其财产不足以履行全部义务的，应当先履行其他民事诉讼生效裁判所确定的义务，但法律另有规定的除外。

第三十二条 发生法律效力的环境民事公益诉讼案件的裁判，需要采取强制执行措施的，应当移送执行。

第三十三条 原告交纳诉讼费用确有困难，依法申请缓交的，人民法院应予准许。

败诉或者部分败诉的原告申请减交或者免交诉讼费用的，人民法院应当依照《诉讼费用交纳办法》的规定，视原告的经济状况和案件的审理情况决定是否准许。

第三十四条 社会组织有通过诉讼违法收受财物等牟取经济利益行为的，人民法院可以根据情节轻重依法收缴其非法所得、予以罚款；涉嫌犯罪的，依法移送有关机关处理。

社会组织通过诉讼牟取经济利益的，人民法院应当向登记管理机关或者有关机关发送司法建议，由其依法处理。

第三十五条 本解释施行前最高人民法院发布的司法解释和规范性文件，与本解释不一致的，以本解释为准。

最高人民法院、民政部、环境保护部关于贯彻实施环境民事公益诉讼制度的通知

（2014年12月26日 法〔2014〕352号）

各省、自治区、直辖市高级人民法院、民政厅（局）、环境保护厅（局）、新疆维吾尔自治区高级人民法院生产建设兵团分院、民政局、环境保护局：

为正确实施《中华人民共和国民事诉讼法》《中华人民共和国环境保护法》《最高人民法院关于审理环境民事公益诉讼案件适用法律若干问题的解释》，现就贯彻实施环境民事公益诉讼制度有关事项通知如下：

一、人民法院受理和审理社会组织提起的环境民事公益诉讼，可根据案件需要向社会组织的登记管理机关查询或者核实社会组织的基本信息，包括名称、住所、成立时间、宗旨、业务范围、法定代表人或者负责人、存续状态、年检信息、从事业务活动的情况以及登记管理机关掌握的违法记录等，有关登记管理机关应及时将相关信息向人民法院反馈。

二、社会组织存在通过诉讼牟取经济利益情形的，人民法院应向其登记管理机关发送司法建议，由登记管理机关依法对其进行查处，查处结果应向社会公布并通报人民法院。

三、人民法院受理环境民事公益诉讼后，应当在十日内通报对被告行为负有监督管理职责的环境保护主管部门。环境保护主管部门收到人民法院受理环境民事公益诉讼案件线索后，可以根据案件线索开展核查；发现被告行为构成环境行政违法的，应当依法予以处理，并将处理结果通报人民法院。

四、人民法院因审理案件需要，向负有监督管理职责的环境保护主管部门调取涉及被告的环境影响评价文件及其批复、环境许可和监管、

污染物排放情况、行政处罚及处罚依据等证据材料的，相关部门应及时向人民法院提交，法律法规规定不得对外提供的材料除外。

五、环境民事公益诉讼当事人达成调解协议或者自行达成和解协议的，人民法院应当将协议内容告知负有监督管理职责的环境保护主管部门。相关部门对协议约定的修复费用、修复方式等内容有意见和建议的，应及时向人民法院提出。

六、人民法院可以判决被告自行组织修复生态环境，可以委托第三方修复生态环境，必要时也可以商请负有监督管理职责的环境保护主管部门共同组织修复生态环境。对生态环境损害修复结果，人民法院可以委托具有环境损害评估等相关资质的鉴定机构进行鉴定，必要时可以商请负有监督管理职责的环境保护主管部门协助审查。

七、人民法院判决被告承担的生态环境修复费用、生态环境受到损害至恢复原状期间服务功能损失等款项，应当用于修复被损害的生态环境。提起环境民事公益诉讼的原告在诉讼中所需的调查取证、专家咨询、检验、鉴定等必要费用，可以酌情从上述款项中支付。

八、人民法院应将判决执行情况及时告知提起环境民事公益诉讼的社会组织。

各级人民法院、民政部门、环境保护部门应认真遵照执行。对于实施工作中存在的问题和建议，请分别及时报告最高人民法院、民政部、环境保护部。

最高人民法院关于充分发挥审判职能作用为推进生态文明建设与绿色发展提供司法服务和保障的意见

（2016 年 5 月 26 日　法发〔2016〕12 号）

为深入贯彻落实党的十八大和十八届三中、四中、五中全会精神，促进“十三五”规划纲要的全面实施，充分发挥人民法院审判职能作用，为加快推进生态文明建设与绿色发展提供公正、高效的司法服务和保障，制定如下意见。

一、准确把握人民法院服务、保障生态文明建设与绿色发展的基本理念和总体要求

1. *充分认识新形势下服务和保障生态文明建设与绿色发展的重要意义。*党的十八大以来，党中央把生态文明建设摆上更加重要的战略地位。《关于加快推进生态文明建设的意见》《生态文明体制改革总体方案》两份纲领性文件相继出台后，十八届五中全会以及“十三五”规划纲要确立创新、协调、绿色、开放、共享的新发展理念，提出生态环境质量总体改善的奋斗目标，并作出一系列重大决策部署，为生态文明的法治建设指明了方向、目标和路径。环境资源审判是国家环境治理体系的重要环节，在生态文明建设与绿色发展中发挥着重要作用。各级人民法院要深入学习贯彻习近平总书记关于加强生态文明建设与绿色发展的新理念、新思路、新论断，准确把握服务和保障生态文明建设与绿色发展的目标任务，充分发挥环境资源审判在救济环境权益、制约公共权力、终结矛盾纠纷和形成公共政策等方面的功能作用，推动生态环境质量不断改善，促进经济社会可持续发展，维护环境正义和代际公平。

2. *以新发展理念统筹推进环境资源审判工作。*各级人民法院要深入贯彻落实新发展理念，将绿色发展理念作为环境资源审判的行动指南。严格执行环境资源法律制度，结合主体功能区制度分类施策，处理好保

护环境与发展经济的关系。依法保护人民群众环境权益，协调环境公共利益和个体利益，保障人民群众在健康、舒适、优美环境中生存和发展的权利。加大预防原则的适用力度，依法及时采取行为保全、先予执行措施，预防环境损害的发生和扩大。落实以生态环境修复为中心的损害救济制度，统筹适用刑事、民事、行政责任，最大限度修复生态环境。坚持专业审判与公众参与相结合，全面推行人民陪审员参与案件审理，加大司法公开和宣传力度，引导公众有序参与环境治理。

3. 着力提升环境资源审判服务和保障的能力水平。各级人民法院要紧紧围绕“努力让人民群众在每一个司法案件中感受到公平正义”的工作目标，牢牢坚持司法为民、公正司法工作主线，切实贯彻节约资源和保护环境的基本国策，以现代环境司法理念为引领，创新体制机制，探索裁判规则，加强理论研究，建设专业队伍，进一步推进环境资源审判专门化，不断提升服务和保障生态文明建设与绿色发展的能力水平。要通过司法裁判，大力弘扬社会主义核心价值观，落实最严格的源头保护、损害赔偿和责任追究制度，增强自然人、法人和其他组织的环保意识，促进绿色发展，建设美丽中国。

二、依法审理涉环境污染防治和生态保护案件，切实维护人民群众的环境权益

4. 依法审理大气污染防治相关案件。依法惩处违反污染物排放标准排污造成大气严重污染的犯罪行为。妥善审理大气污染防治相关行政案件，督促、保障政府部门充分履行源头治理和全程治理职责，有效防治工业污染、机动车船污染、扬尘污染、农业污染及其他污染。妥善审理大气污染防治相关民商事案件，充分发挥市场机制调节作用，保障大气环境服务业的健康发展，促进污染治理设施投资、建设、运行一体化经营。

5. 依法审理水污染防治相关案件。依法惩处向水体排放油类、酸碱液体、剧毒废液、放射性固体废物等禁止排放的污染物以及超标排放废水造成水体严重污染的犯罪行为。妥善审理因造纸、印染、化工等严重污染水体企业的关闭或搬迁改造，以及因污水处理费、排污费、水资源费等费用征收引发的行政案件，推动污染企业的达标治理或者依法退出，依法落实环境税费政策。妥善审理环保设备融资租赁纠纷，以及股权、项目收益权、特许经营权、排污权等权利质押融资担保纠纷，鼓励社会资本对水环境保护的投入，促进水污染防治的多元融资。

6. 依法审理土壤污染防治相关案件。依法惩处非法排放有毒有害污染物、违法违规存放危险化学品、非法处置危险废物等造成土壤严重污染的犯罪行为。妥善审理因拆除有色金属冶炼、石油加工、焦化、制革等污染设施，以及因处置工业废物、回收储运废弃农膜等引发的行政案件，保障土壤污染的源头预防。妥善审理土壤污染防治相关民商事案件，充分关注土壤污染历史成因复杂和修复周期长、成本高的特点，探索土壤污染民事责任主体范围、因果关系以及修复标准等方面的认定规则，加大对污染土壤行为的追责力度，维护食品安全、生活环境安全和农业可持续发展。

7. 依法审理海洋生态环境保护案件。依法惩处非法向海洋排放各类污染物及破坏红树林、滩涂、珊瑚礁等造成海洋生态环境严重破坏的犯罪行为。妥善审理涉及海洋动植物物种引进、海岛资源开发、海水养殖场建设、海洋海岸工程建设审批引发的行政案件，以及因海洋污染和生态破坏引发的侵权纠纷案件。妥善审理海洋环境监督管理部门代表国家对破坏海洋生态、海洋水产资源、海洋保护区等造成重大损失行为提起的诉讼，防治海洋环境污染，保护海洋生物多样性。

8. 依法审理重点区域生态环境保护案件。依法惩处严重破坏京津冀、长江经济带、三江源等重点区域生态环境的犯罪行为。妥善审理因建设国家公园和森林公园，推行统一环境准入和退出机制引发的行政案件，保障重点区域实现扩大环境容量和生态空间的重要目标。妥善审理因长江防护林体系建设、水土流失及岩溶地区石漠化治理、河湖湿地生态保护修复等引发的行政案件，保障长江流域重大生态修复工程的顺利实施。注重强化排污者主体责任，保障污染联防联控机制建设，促进重点区域环境质量持续改善。

9. 依法审理其他污染防治和生态保护案件。依法惩处制污排污，走私废物，以及非法捕猎、杀害珍稀、濒危野生动物等严重污染环境和破坏生态的犯罪行为，惩处环境监管失职、渎职犯罪行为。妥善审理涉及环境影响评价、污染物排放许可、禁牧轮休和封禁保护沙化土地的行政案件，推动排污许可“一证式”管理改革，落实环境保护目标责任制。妥善审理各类污染环境、破坏生态导致的损害赔偿民事案件，协调环境公共利益和个体利益的冲突，实现当事人权利救济和生态环境保护的有机统一。

三、依法审理涉自然资源开发利用案件，保障自然资源和生态环境安全

10. 依法审理涉土地资源案件。依法惩处非法占用基本农田、农用地、林地等犯罪行为，严守生态红线。妥善审理推进工业化、城镇化过程中产生的土地确权、房地征收等行政案件，依法落实主体功能区规划，合理控制国土开发空间和强度，推动以人为本、绿色低碳的新型城镇建设。妥善审理涉土地流转民商事案件，依法鼓励创新农村土地流转形式，保障农村土地经营权抵押等各项改革试点顺利进行，推动建立城乡统一的建设用地市场。

11. 依法审理涉矿产资源案件。依法惩处非法采矿、破坏性采矿等犯罪行为，保障国家矿产资源安全。妥善审理涉及矿业权审批、颁证等行政案件，保障矿产资源集约利用和有序开发。妥善审理涉矿业权民商事案件，准确区分民商事审判和行政监管界限，依法认定矿业权出让、转让、出租、承包、抵押合同的效力，正确处理越界勘查、开采引发的纠纷。

12. 依法审理涉林业资源案件。依法惩处盗伐、滥伐林木等犯罪行为，保障国家林业资源安全。妥善审理因林权登记颁证、林地开垦、林地用途改变等引发的行政案件，保障林权改革顺利进行。关注林地所有权、林地使用权、林木所有权、林木使用权经常发生分离的特点，区分因历史、政策、乡规民约或者其他原因导致的权利冲突，坚持尊重林权人意思自治和尊重行政机关认定的统一，妥善处理林权确权和林权流转中发生的各类纠纷。

13. 依法审理其他资源相关案件。妥善审理涉及草原、河流、湖泊、滩涂、海洋等资源开发利用的权属、合同和侵权纠纷案件，依法惩处相关刑事犯罪行为。注重保障资源合理开发利用与促进资源节约、环境保护相协调，特别是审理重点生态功能区、生态环境敏感区和脆弱区，以及自然保护区、风景名胜区等区域内开发利用自然资源引发的相关案件时，将保护生态环境和自然资源作为裁判的重要因素综合考量。

四、积极探索气候变化司法应对举措，推动构建国家气候变化应对治理体系

14. 依法审理碳排放相关案件。深入研究碳排放交易中的法律问题，妥善审理碳排放交易纠纷，推动建设全国统一的碳排放交易市场。依法审理涉及电力、钢铁、建材、化工等重点碳排放行业，以及涉及工业、能源、建筑、交通等碳排放重点领域的相关案件，妥当适用国家节能减排相关法律、行政法规、规章及环境标准，促进低碳发展。在审理相关案件时区分合规排放与超出排污标准、污染物总量控制指标和排污许可证要求排放等不同情形，依法确定责任主体及责任范围。

15. 依法审理节约能源相关案件。加强对合同能源管理、合同节水管理等节能服务产业的司法保障，培育成熟、规范的合同能源管理市场，推进农业、工业、城镇节水改造，以及矿山企业技术和工艺改造等重点领域的能源节约。妥善审理节能、节水、节地、节材、节矿、污泥无害化处理和资源化利用等领域的专利、技术转让等知识产权纠纷，鼓励企业科技创新，促进清洁能源和能源节约新技术的开发利用。

16. 依法审理绿色金融、生物多样性保护相关案件。深入研究绿色税收以及绿色信贷、绿色债券、绿色保险、绿色发展基金等涉及绿色金融发展的特殊法律问题，研究排污权、用能权、用水权等市场交易机制和规则，妥善审理相关案件，充分发挥金融手段及市场机制在实现绿色发展、减缓和适应气候变化中的重要作用。妥善审理涉及植物新品种、生物遗传资源和基因等知识产权纠纷，有效保护生物多样性。

五、依法审理各类生态环境损害赔偿诉讼案件，有效维护环境公共利益和国家所有者权益

17. 依法审理社会组织提起的环境民事公益诉讼案件。依法及时受理符合法定条件的环境民事公益诉讼案件，积极构建有利于社会组织提起诉讼的程序和配套机制。妥善处理司法保护和其他路径保护的关系，尊重行政机关的首次判断权和自由裁量权，为行政机关发挥职能作用创造有利条件。在尊重审判规律的前提下，依法适度强化能动司法，创新审理方法和裁判方式，探索符合需要的证据保全、先予执行、执行监督等特殊规则，发挥公益诉讼的评价指引和政策形成功能。

18. 依法审理检察机关提起的环境公益诉讼案件。遵循职权法定原则，依法及时受理检察机关根据全国人大常委会授权决定试点提起的环境民事、行政公益诉讼案件。主动适应改革需要，坚持以民事诉讼法和行政诉讼法作为基本依据，结合检察机关提起公益诉讼特点，在法律框架范围内创新、完善具体的审判工作方式方法。坚持正当程序的基本规则，依法保障举证、辩论等诉讼权利的充分行使，平等保护各方当事人的合法权益。

19. 积极探索省级政府提起生态环境损害赔偿诉讼案件的审理规则。按照《生态环境损害赔偿制度改革试点方案》，试点地方省级政府经国务院授权后，作为本行政区域内生态环境损害赔偿权利人，可以对违反法律法规造成生态环境损害的单位或者个人提起民事诉讼。认真研究此类基于国家自然资源所有权提起的生态环境损害赔偿诉讼案件的特点和规律，根据赔偿义务人主观过错、经营状况等因素试行分期赔付，探索多样化责任承担方式。试点地方省级政府提起生态环境损害赔偿诉讼，不影响社会组织依法提起环境民事公益诉讼，也不影响人身和财产权利受到损害的自然人、法人和其他组织提起私益诉讼。准确界定基于同一侵权行为发生的三类诉讼之间的关系，做好诉讼请求、事实认定、责任承担以及判决执行等方面的协调、对接。

六、构建协同审判机制，充分发挥环境资源审判整体合力

20. 探索构建环境资源案件的协同审判机制。环境资源审判面对环境和资源两类案件，跨越刑事、民事、行政三大诉讼门类，点多面广，类型多元，数量众多。各级人民法院要根据环境资源保护利用的现实需要和当地的案件特点，积极探索构建刑事、民事、行政审判和立案、执行等业务部门既分工负责又紧密配合的协同审判工作机制。科学界定各审判业务部门审理环境资源案件的职责分工，妥当确定环境资源专门审判机构的职责范围，充分发挥其专门化研究、协调和指导作用，大力强化环境资源立案、审判和执行机构之间，刑事、民事和行政三大审判之间的相互配合，形成环境资源审判的整体合力。

21. 发挥环境资源行政审判监督和预防功能。充分认识行政审判对于合理开发利用自然资源、预防环境污染和生态破坏方面的重要作用。注重通过审理建设项目环境影响评价审批等相关行政案件，督促行政机关依法及时履行行政监管职责，支持行政机关依法查处建设项目未评先批、未批先建等违法行为，防止存在重大生态环境风险的项目开工建设。通过审理信息公开相关行政案件，保障人民群众的知情权和监督权，提高人民群众参与环境保护的积极性，使公众参与原则落到实处。

22. 发挥环境资源刑事审判惩治和教育功能。坚持罪刑法定原则，注重惩治和预防相结合，全面贯彻宽严相济的刑事政策。依法从严惩处破坏环境资源造成严重后果以及主观恶性大的犯罪行为，有效威慑潜在的污染行为人，教育广大人民群众自觉保护生态环境，防范和减少环境污染、生态破坏犯罪的发生。依法追究国家机关工作人员在环境保护监管活动中玩忽职守、滥用职权等犯罪行为，督促环境监管人员积极履行监管职责。

23. 发挥环境资源民事审判救济和修复功能。充分发挥行为保全和先予执行的预防、减损功能。坚持损害担责、全面赔偿原则，依法追究污染环境、破坏生态的法律责任。妥善审理各类环境资源纠纷案件，依法救济自然人、法人和其他组织的人身权、财产权及各项环境权益。落实生态环境修复制度，探索适用惩罚性赔偿责任，确保责任人依法承担生态环境修复费用和生态环境服务功能的损失，维护环境公共利益，让人民群众有更多的获得感。

24. 发挥环境资源立案执行服务和保障功能。全面落实立案登记制改革要求，畅通立案渠道，切实保障诉权。做好与行政机关的协调配合，确保被执行人应承担的行政责任和民事责任落实到位。遵循恢复性司法要求，积极探索限期履行、劳务代偿、第三方治理等生态环境修复责任承担方式。依法审查环境资源行政非诉案件，对于符合法定条件的，及时作出强制执行裁定。切实发挥执行联动机制的威慑作用，健全完善环境资源案件失信被执行人惩戒机制。

七、强化组织保障措施，不断提升人民法院司法公信力

25. 加强组织领导和监督指导。各级人民法院要切实加强对环境资源审判工作的组织领导和监督指导，认真谋划，周密部署。对社会关注度高、法律适用难度大的公益诉讼案件、群体性案件和新类型案件，加强信息沟通，确保依法妥善审理。加快推进全国法院环境资源案件信息采集和分析系统的开发建设，充分利用大数据、云计算等信息技术，深度挖掘、释放海量案例资源和数据优势，为加强监督指导、统一裁判标准、提升司法公信提供有力技术支持。

26. 加强审判体制和机制建设。按照审判专业化和内设机构改革的要求，立足本地经济社会发展、生态环境保护需要和案件数量、类型特点等实际情况，探索建立专门机构，明晰职责分工，打造既精通法律又熟悉环境知识的专业化审判团队。对于环境公益诉讼以及跨行政区划的环境污染、生态破坏等案件，探索实行跨行政区划集中管辖。探索将环境资源民事、行政乃至刑事案件统一由一个审判机构审理的“二合一”或者“三合一”归口审理模式。积极创新审判执行方式，探索建立符合生态环境保护需要的特别诉讼规则。充分发挥环境资源审判智库作用，坚持问题导向，重视理论与实践相结合，不断创新、发展环境资源审判理论。

27. 加强司法公开和国际交流合作。完善司法便民和司法救助措施，开展巡回审判工作，满足人民群众对环境资源司法的多元需求。邀请人大代表、政协委员、社会公众、新闻媒体旁听重大案件庭审，加大裁判文书上网公开力度。充分运用新媒体、自媒体及时发布重大司法信息，定期发布环境资源审判白皮书。围绕国家“一带一路”战略、自贸区建设以及气候变化应对等工作，深入研究司法措施和裁判规则，保障国际环境公约的实施，维护国家环境利益和生态环境安全。不断拓展国际交流方式和合作渠道，依托信息技术推进信息共享，加强国际环境法、比较环境法研究和环境资源司法案例的交流，展示中国环境保护和环境司法的发展成就。

图书在版编目（CIP）数据

环境侵权受害者司法保护／吴良志等著．—北京：中国法制出版社，2017.5

ISBN 978－7－5093－8055－0

Ⅰ.①环… Ⅱ.①吴… Ⅲ.①环境保护法－侵权行为－法律保护－研究－中国 Ⅳ.①D622.684

中国版本图书馆 CIP 数据核字（2017）第 091940 号

策划编辑 李小草（lixiaocao2008@sina.cn） 责任编辑 谢雯 封面设计 杨泽江

环境侵权受害者司法保护

HUANJING QINQUAN SHOUHAIZHE SIFA BAOHU

著者／吴良志等

经销／新华书店

印刷／三河市紫恒印装有限公司

开本／730 毫米×1030 毫米 16 开　　印张／12.5 字数／155 千

版次／2017 年 5 月第 1 版　　2017 年 5 月第 1 次印刷

中国法制出版社出版

书号 ISBN 978－7－5093－8055－0　　定价：39.00 元

北京西单横二条 2 号　　值班电话：66026508

邮政编码 100031　　传真：66031119

网址：http：//www.zgfzs.com　　**编辑部电话：66010493**

市场营销部电话：66033393　　**邮购部电话：66033288**

（如有印装质量问题，请与本社编务印务管理部联系调换。电话：010－66032926）